Vollwert-Backen

Vollwert-Backen

Brot • Kuchen • Gebäck

Gondrom

Gesundes Backen

Im ersten Kapitel werden die Stoffe erklärt, die benötigt werden, um gesund zu bleiben. Dafür benötigt der Körper neben den Brennstoffen wie Kohlenhydrate, Fette und Eiweiße, die auch dem Aufbau dienen, eine Reihe von sogenannten Vitalstoffen. Sie fallen zwar mengenmäßig kaum ins Gewicht, sind aber für die Lebensfunktionen unerläßlich. Eine ganz besondere Rolle spielen auch die Ballaststoffe, die in Vollkornprodukten reichlich vorhanden sind und den Verdauungstrakt günstig beeinflussen. Im ersten Kapitel werden diese gesunderhaltenden Stoffe erklärt.

Im zweiten Kapitel werden Tips gegeben, wie man sich ernähren muß, um gesund zu bleiben.

Die Vollwerternährung versorgt den Körper in idealer Weise mit allen Nährstoffen. Vor allem bei der Auswahl der Getreideprodukte kommt es darauf an, daß man Vollwertmehl verwendet, da nur im vollen Korn neben den Brennstoffen auch die wichtigen Vitalstoffe, besonders die Vitamine der B-Gruppe enthalten sind.

Im dritten Kapitel wird erklärt, welche Mehltypen man am besten verwendet und wie man mit Vollkornmehl backt.

Die guten Backeigenschaften des Auszugsmehls beruhen vor allem auf der Stärke und dem Kleber des Mehlkerns. Die für die Ernährung so wertvollen Randschichten und der Keimling, die etwa 20 Prozent ausmachen, sind nicht backfähig. Deshalb muß man bei Verwendung von Vollkornmehl einiges beachten.

In der Einkaufsfibel, dem vierten Kapitel, ist zu erfahren, welche Geräte für das Backen gebraucht werden, welche das Backen erleichtern und wie man sie benutzt.

Vollwertkost ist um so gesünder, je frischer das Getreide gemahlen wird. Deshalb finden Getreidemühlen mit ihren unterschiedlichen Mahlwerken besondere Beachtung.

Die Backkunde schließlich, das fünfte Kapitel, geht auf die Besonderheiten der Verarbeitung von Vollkornmehl ein und erklärt, wie die unterschiedlichen Teigarten gerührt oder verknetet werden. Schließlich ist auch zu erfahren, welche Getreideart sich für welches Gebäck am besten eignet.

Damit es nicht bei der bloßen Theorie bleibt, folgen eine Menge einfacher und auch raffinierter Vollkornrezepte für Brot, Brötchen, Kuchen und Gebäck. Sie nachzubakken ist die reinste Freude, das Essen ein Genuß.

Im ABC des Backens, dem letzten Kapitel, sind die jeweiligen Vorzüge und Eigenschaften der vielen Zutaten nachzulesen, die besonders für die Vollwertbäckerei benötigt werden.

Gesundheit und Vitalstoffe

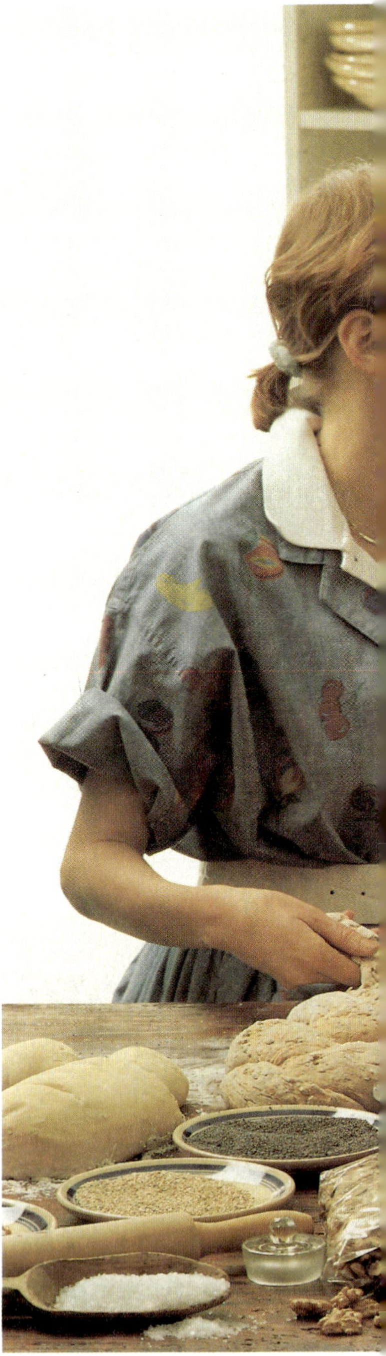

Neben den energieliefernden Nährstoffen enthält die Nahrung auch sogenannte Vitalstoffe.
Der Organismus braucht nur geringe Mengen davon, die aber benötigt er zur Erhaltung des Lebens und der Gesundheit. Wegen ihrer lebenswichtigen Bedeutung wurden sie Vitalstoffe genannt. Zu ihnen gehören in erster Linie die Vitamine, Mineralien, Spurenelemente, Enzyme, von denen einige auch Fermente heißen, die ungesättigten Fettsäuren und die Faserstoffe, irreführend auch Ballaststoffe genannt.

Die Vitamine
Über kaum einen anderen Stoff und seine Wirkungsweise wurde lange Zeit so viel gerätselt wie über die Vitamine, und auch heute noch ist man sich nicht über alle Aspekte im klaren, obwohl intensiv geforscht wurde und wird. So sind sich die Wissenschaftler gegenwärtig eigentlich nur sicher, daß ohne die regelmäßige Vitaminaufnahme menschliches, tierisches und pflanzliches Leben nicht möglich wäre. Von den meisten der bereits entdeckten Vitamine kennt man zwar die Aufgaben, die sie im Organismus erfüllen, weiß jedoch nicht, auf welche Weise diese sie bewältigen. Daß einige Vitamine, im Übermaß eingenommen, Probleme bereiten können, ist

den Wissenschaftlern bekannt, nicht jedoch, wie hoch die optimalen Mengen sind. Und immer wieder entdeckt die Wissenschaft neue Prozesse, die im Körper ablaufen, an denen die Vitamine beteiligt sind. In den meisten Fällen steuern sie sogar diese Vorgänge.
Zahlreiche Untersuchungen haben inzwischen auch die Vermutung bestärkt, daß zwischen unzureichender Vitaminversorgung und Krankheitsentstehung ein Zusammenhang besteht. Andererseits helfen Vitamine bei der Abwehr von Krankheiten und bei der Reparatur von angegriffenen Zellen. Dabei sind besonders die Vitamine E und C effektiv. Dem Vitamin E schreibt man sogar eine regelrechte Blitzableiter-Funktion zu, da es Angriffe auf die Zellen abwehrt. Und man weiß auch, daß Vitamine sogar die Bildung von krankheitsauslösenden Substanzen im Speisebrei verhindern. So weiß man heute bereits viel — wenn auch nicht genug — über die gesundheitsfördernde Wirkung von Vitaminen. Dennoch wird diese Erkenntnis nicht im notwendigen Maß im Alltagsleben umgesetzt. Fachleute schätzen, daß jeder vierte Bundesbürger an ernährungsbedingten Mangelerscheinungen, besonders im Hinblick auf Vitamine, leidet. Schuld daran sind die Ernährungsgewohnheiten. Während in ausgewogener und naturbelassener Kost alle Vitamine und auch die übrigen Vitalstoffe in ausreichendem Maße vorhanden sind, fehlen sie oft in industriell hergestellter Nahrung ganz oder teilweise. Hinzu kommt, daß Vitamine sich gegenseitig beeinflussen und nur in ausgewogener Kombination optimal funktionieren. Vor allem finden sich Vitamine in pflanzlichen Erzeugnissen. Der menschliche Körper kann sie gar nicht oder nur in sehr geringen Mengen selbst produzieren. Deshalb müssen die Vitamine regelmäßig mit der Nahrung in den Körper gelangen. Einige Vitamine kommen allerdings auch auf dem Umweg über tierische Nahrung in den menschlichen Organismus.
Die Vitamine werden nach ihrer Löslichkeit in zwei große Gruppen aufgeteilt: die fettlöslichen und die wasserlöslichen.

Fettlösliche Vitamine
Zu den fettlöslichen Vitaminen zählen die der Gruppen A, D, E und K. Sie sind relativ unempfindlich gegen Einflüsse wie Hitze oder Licht.

Wasserlösliche Vitamine
Viel empfindlicher sind die wasserlöslichen Vitamine, die der großen und sehr wichtigen B-Gruppe und das Vitamin C. Sie können durch Hitze ganz oder teilweise zerstört werden, das Sonnenlicht zersetzt sie und Wasser kann sie aus den Nahrungsmitteln schwemmen. Ihre Wasserlöslichkeit ist auch der Grund

dafür, daß Überdosierungen kaum vorkommen können, da Überschüsse über die Nieren aus dem Körper ausgeschieden werden.
Dagegen können einige fettlösliche Vitamine länger im Körper bleiben, da sie von der Leber und anderen Organen gespeichert werden.

Vitamin-B-Komplex
Eine besondere Bedeutung, die auch im Zusammenhang mit dem Backen interessiert, hat der Vitamin-B-Komplex, denn diese Vitamine sind für die Stoffwechselvorgänge von zentraler Bedeutung. Ohne die B-Vitamine können einige Nährstoffe nicht verdaut werden und belasten den Organismus oder gehen verloren.
Besonders wichtig ist dabei das Vitamin B1, das am Kohlenhydratstoffwechsel beteiligt ist. Wenn viel Zucker, Stärke oder Mehl gegessen wird, steigt der Vitamin-B1-Bedarf. B1 wird dann besonders dringend von den Nervenzellen und von der Herzmuskulatur gebraucht, da hier die meisten Kohlenhydrate verbraucht werden.
Eine vermehrte Zufuhr empfiehlt sich bei schwerer körperlicher Arbeit, bei fieberhaften Infektionskrankheiten, bei Alkoholgenuß sowie im Alter. Der Mindestbedarf liegt bei Erwachsenen zwischen einem und zwei mg pro Tag. Weizenkeime liefern am meisten Vitamin B1, nämlich fünf mg pro 100 g.
Das Vitamin B6 bewirkt die Entgiftung des Körpers und ist außerdem ebenfalls am Stoffwechsel beteiligt, vor allem an der Umsetzung des Eiweißes. Außerdem wirkt es beruhigend auf das zentrale Nervensystem. Die tägliche Dosierung beträgt ein bis zwei mg, wobei die Weizenkeime mit 0,75 mg pro 100 g mit die höchsten Mengen dieses Vitamins enthalten.
Da nur Mikroorganismen wie Bakterien Vitamin B12 herstellen können, kommt es ausschließlich in tierischer Nahrung vor.
Beim Vitamin B12 wird deutlich, wie verschwindend gering die benötigten Mengen mancher Vitalstoffe sind: Vom Vitamin B12 braucht der Körper pro Tag nur etwa ein millionstel Gramm. Doch fehlt es, ist die Blutbildung gestört.
Da in der Vollwerternährung das ganze Korn vermahlen wird, bleiben die B-Vitamine erhalten.

Vitamin E
Ein sehr wichtiger Vitalstoff ist das Vitamin E, das in größeren Mengen in den Weizenkeimen enthalten ist. Es schützt die Zellwände sowie eine Reihe anderer Vitamine, Enzyme und Hormone vor Zerstörung.
Darüber hinaus erhöht es die Geschwindigkeit des Bluttransportes und beugt damit der Thrombosegefahr vor. Außerdem verbessert Vitamin E die Sauerstoffversorgung und die -ausnutzung im Gewebe und übt damit einen Schutzeffekt bei Leber-, Lungen- und

Hautkrankheiten aus. Der tägliche Bedarf liegt zwischen 25 und 100 mg, wobei zu beachten ist, daß er sich bei Schwangerschaft und in der Stillzeit, bei fettreicher Ernährung sowie bei Streßzuständen erhöht. Den höchsten Anteil von Vitamin E enthält Weizenkeimöl, nämlich 255 mg pro 100 g.

Mineralstoffe
werden in ähnlich geringen Mengen benötigt und erfüllen ebenfalls wichtige Aufgaben im Organismus. Es handelt sich hierbei um anorganische Stoffe, die also nicht von einer lebenden Zelle aufgebaut werden. Sie kommen als Elemente in der Natur vor. Obwohl sie einerseits in geringen Mengen gesundheitsfördernd sind, können sie in größeren Mengen Schaden anrichten, ja sogar Vergiftungen hervorrufen.
In optimaler Dosierung sind sie in der Lage, den Wasserhaushalt zu regulieren, biochemische Vorgänge in den Zellen zu beeinflussen, und schließlich sind sie Bestandteil der Zähne und Knochen und sorgen für das Funktionieren der Nerven und Muskelzellen. Von den Mineralstoffen braucht der Körper täglich Mengen zwischen 100 Milligramm und einem Gramm. Dazu gehören vor allem Kalzium, Phosphor, Natrium, Magnesium, Kalium, Schwefel und einige Chlorverbindungen. Besonders wichtig ist das Kalzium als ein wesentlicher Bestandteil von Zähnen und Knochen. Auch die Mineralstoffe, die der Körper zur Gesunderhaltung braucht, bleiben bei der Vollwertkost durch die schonende Zubereitung zum großen Teil erhalten.

Spurenelemente
Von den Spurenelementen gelten folgende als sehr wichtig: das sind Eisen, Zink, Mangan, Fluor, Chrom, Selen und Molybdän. Man weiß heute, daß sie vom Organismus dringend benötigt werden, allerdings ist ihre genaue Wirkungsweise noch nicht vollständig erforscht. Bei Eisen steht jedoch fest, daß es im roten Blutfarbstoff enthalten ist und den Sauerstoff im Blut transportiert. Außerdem ist Eisen Bestandteil mehrerer Enzyme, die den Stoffwechsel in Gang halten.
Da die Lebensmittel für die Vollwerternährung möglichst naturbelassen sind, enthalten sie auch noch einen Großteil der Spurenelemente. Sie sind zum Beispiel beim Korn im Keim und in den Randschichten enthalten.

Enzyme
gehören mit zu der wichtigsten Gruppe der Vitalstoffe, denn ohne sie läuft keine chemische Reaktion im Körper ab. Jedes Enzym — sie werden auch Fermente genannt, wenn sie in Magen und Darm Nahrung aufspalten — hat beim Stoffwechsel eine bestimmte Aufgabe. Einige Fermente wirken auch wie Katalysatoren. Sie ermöglichen und beschleuni-

gen chemische Reaktionen, ohne selbst daran beteiligt zu sein. Bestens bekannt sind die eiweißspaltenden Fermente, das Pepsin im Magen und das Trypsin im Darm. Auch die komplizierten Vorgänge der Stoffumsetzung in den Zellen werden von Enzymen gesteuert. Doch alle Enzyme sind komplizierte Eiweißverbindungen, die gegen Hitze empfindlich sind.
Da bei der Vollwertkost möglichst wenig gegart wird, bleiben die meisten Enzyme erhalten und dienen der Gesundheit.

Ballaststoffe
hielt man lange Zeit für unnützen Ballast, wie der Name schon sagt. Es handelt sich dabei um das faserige Material, aus dem das Stützgerüst der Pflanzen besteht. Diese Faser- oder Ballaststoffe dürfen in der Ernährung nicht fehlen. Man beobachtete bei Menschen, die weitgehend ballaststoff-freie Kost zu sich nehmen, das Ansteigen von Zivilisationskrankheiten. Wahrscheinlich beruht die positive Wirkung der Ballaststoffe darauf, daß sie im Darm aufquellen und den Transport des Speisebreis durch den Darm beschleunigen.
Man kann die Ballaststoffe in der Nahrung mit einer Putzkolonne in einer Fabrik vergleichen. Überall, wo produziert wird, entstehen Abfallstoffe, die entsorgt werden müssen. Auch im menschlichen Verdauungssystem bleiben Reste übrig, die aus dem Körper abtransportiert werden müssen. Diese Funktion unterstützen die Ballaststoffe. Doch die meisten der industriell hergestellten Nahrungsmittel sind zu reich an verdaulichen Nahrungsstoffen, was besonders auf Auszugsmehl, Zucker, Fett und Alkohol zutrifft, die keine Ballaststoffe enthalten. Ballaststoffe haben bereits eine wichtige Funktion bei der Verdauung im Mund. So erzeugen die Schalen des Getreidekorns im Mund ein sogenanntes Membrangefühl. Es bewirkt, daß bis zum Erreichen eines bestimmten Befeuchtungsgrades das Schlucken gehemmt wird. Das heißt, daß man ballaststoffreiche Kost länger und kräftiger kauen muß als Weißbrot, wodurch die Verdauung bereits im Mund intensiviert wird. Noch entscheidender aber ist, daß Getreideballaststoffe bis zur zehnfachen Menge des Eigengewichts Wasser binden können und dabei aufquellen. Dadurch wird der Darminhalt voluminöser, was die Darmtätigkeit fördert. Mindestens ebenso wichtig scheint die Wirkung der in den Ballaststoffen enthaltenen Vitalstoffe zu sein. Man nimmt an, daß sie die Darmwände zu erhöhter Aktivität anreizen.
Es empfiehlt sich, etwa 30 Gramm Ballaststoffe pro Tag zu sich zu nehmen. Der tägliche Verbrauch an Ballaststoffen beträgt nur etwa 20 bis 22 Gramm. Daher ist es sinnvoll, die Ernährung durch Ballaststoffe zu ergänzen.

Auf einen Blick

Die einzelnen Brotsorten enthalten in Trockensubstanz folgende Mengen an Ballaststoffen:

Weizenbrot

1,6 g/100 g

Weizenmischbrot

3,3 g/100 g

Roggenbrot

7,0 g/100 g

Weizenschrot

7,1 g/100 g

Roggenschrot

10,7 g/100 g

Vollkornschrot

21,0 g/100 g

Zur Gesundheit braucht der Körper eines Erwachsenen im Durchschnitt pro Tag ca.

Männer

Vitamin A 0,9 mg
Vitamin D 2,5 g
Vitamin E 12 mg
Vitamin B1 1,5 mg
Vitamin B2 2,0 mg
Vitamin B6 1,8 mg
Folsäure 400 g
Vitamin B12 5 µ
Vitamin C 75 mg
Natrium 2—3 g
Chlorid 3—5 g
Kalium 2—3 g
Kalzium 800 mg
Phosphor 800 mg
Magnesium 250 mg
Eisen 15 mg
Fluorid 1,0 mg
Jod 150 µ
Essentielle Fettsäuren 10 g

Frauen

Vitamin A 0,6 mg
Vitamin D 10 g
Vitamin E 6 mg
Vitamin B1 0,7 mg
Vitamin B2 0,8 mg
Vitamin B6 1,6 mg
Folsäure 200 g
Vitamin B12 2,5 µ
Vitamin C 70 mg
Natrium 1—2 g
Chlorid 1—2 g
Kalium 1—2 g
Kalzium 600 mg
Phosphor 600 mg
Magnesium 130 mg
Eisen 8 mg
Fluorid 0,5 mg
Jod 100 µ
Essentielle Fettsäuren 4 g

Im Durchschnitt benötigte Energie pro Tag ca.

Männer
kcal 2600

Frauen
kcal 2200

Kinder
kcal 1200

Energieverbrauch bei bestimmten Bewegungsarten pro 30 Minuten

Rasches Gehen
kcal 115

Radfahren
kcal 250

Treppensteigen (mit Last)
kcal 540

Hausarbeit
kcal 150

Gartenarbeit
kcal 250

Vollwertkost

Eine ausgezeichnete Methode, sich bis ins hohe Alter gesund und fit zu erhalten, bietet eine neu entdeckte und doch so alte Ernährungsmethode, die sogenannte Vollwertkost. Einige Empfehlungen der Vollwerternährung waren nämlich bereits in der Antike bekannt gewesen. Schon Hippokrates, der große Heilkundige des Altertums, erkannte, daß falsche Ernährung den Menschen krank machen kann. Er sah mäßiges, vielseitiges Essen und Trinken als die Grundlage der Gesundheit an.

Die Vollwerternährung beruht auf diesen Grundsätzen. Doch darüber hinaus geht sie vor allem auf Fehlentwicklungen ein, die sich im Zuge der industriellen Nahrungsproduktion breitgemacht haben. So empfiehlt die Vollwertkost in erster Linie Lebensmittel, die weitgehend naturbelassen sind und im Idealfall während ihres Wachstums nicht mit Chemikalien in Berührung gekommen sind. Außerdem sollten sie frei von Zusatzstoffen wie Konservierungsmitteln, künstlichen Aromen oder Farbstoffen sein.

Keine leeren Kalorien

Vollwerternährung bedeutet aber auch, daß keine Lebensmittel auf den Tisch kommen, die sogenannte leere Kalorien enthalten. Das sind vor allem Auszugsmehl, raffinierter Zucker und raffinierte Fette.

Dabei handelt es sich um Nahrungsmittel, denen aufgrund des Herstellungsprozesses die Vitalstoffe verlorengegangen sind und nur noch Brennstoffe übriggeblieben sind.
Bedingt durch die Produktionsmethoden der Lebensmittel haben sich die Ernährungsgewohnheiten geändert. Wer jedoch gesund leben will, sollte darauf achten, daß Lebensmittel so wenig wie möglich bearbeitet sind.

Keine Vorschrift
Ansonsten zeichnet sich die Vollwertkost dadurch aus, daß keine Vorschriften gemacht werden, sondern nur Vorschläge. Man muß nicht unbedingt mit Vitamin- oder Kalorientabellen rechnen, und man braucht zum Einkaufen keine Nährwerttabelle, um die passenden Lebensmittel zu finden. Die von der Vollwertkost empfohlenen Lebensmittel enthalten alles, was der Körper braucht, um gesund zu bleiben. Wichtig ist, daß die Nahrung auch schmeckt und daß mit Appetit gegessen wird, damit man regelmäßig ißt.

Vollwert-Lebensmittel
Je geringer der Verarbeitungsgrad, desto höher die Wertigkeit der Lebensmittel.

Die fünf Stufen der Vollwertlebensmittel
1. Besonders empfehlenswert sind frische naturbelassene Lebensmittel. Sie sollten lediglich gewaschen werden. Beispiele sind gekeimtes Getreide, frisches unbearbeitetes Obst und Gemüse sowie Nüsse und Vorzugsmilch.
2. Sehr empfehlenswert sind Lebensmittel, die mechanisch oder durch Enzyme verändert wurden. Dazu gehört Mahlen, Zerkleinern, Pressen, Fermentieren und Trocknen. Beispiele: Vollkornschrot und -mehl, zerkleinertes, frisches Obst und Gemüse sowie Säfte daraus. Kaltgepreßte Öle und aus Rohmilch hergestellte Produkte.
3. Empfehlenswert sind Lebensmittel, die kurz mit Hitze behandelt wurden, zum Beispiel durch Dämpfen, Dünsten, Backen, Pasteurisieren und auch durch Tiefkühlen. Beispiele: Brot, erhitztes Obst und Gemüse sowie Säfte daraus, Pflanzenfette und pasteurisierte Milch sowie daraus hergestellte Produkte.
4. Weniger empfehlenswert sind verarbeitete Lebensmittel, die stark erhitzt oder konserviert und dadurch im Nährstoffgehalt gemindert wurden. Das ist Konservieren durch Alkohol, Salz, Zucker oder das Vakuum, aber auch das Abtrennen von Keimen, das Polieren von Reis und das Sterilisieren und Fritieren. Beispiele: Auszugsmehle und Produkte daraus, Gemüse- und Obstkonserven, H-Milch sowie Fleisch- und Wurstwaren.
5. Nicht empfehlenswert sind isolierte Lebensmittel und Fertigprodukte, die nur noch Fette und Kohlenhydrate, jedoch keine Vitalstoffe mehr

enthalten. Dazu gehören zum Beispiel isolierter Zucker, Stärke, Fritierfette, Nuß-Nougat und Limonaden.
Mit dieser Aufstellung kann jeder selbst bestimmen, in welchem Umfang er die Empfehlungen der Vollwerternährung umsetzen will.

Umstellung auf Vollwerternährung
Es empfiehlt sich, mit der Ernährungsumstellung langsam zu beginnen. Man sollte dem Magen und auch dem Stoffwechselapparat erst eine gewisse Übergangszeit gönnen. Der Organismus muß erst lernen, mit den neuen Substanzen umzugehen. So sollte man erst einmal die gewohnten Mahlzeiten mit ein paar Vollwertzutaten anreichern, indem man zum Beispiel etwas Müsli ißt. Auf die Brötchen muß man auch nicht verzichten, denn viele Bäcker bieten bereits Vollkornbrötchen an, die sehr gut schmekken. Auf den Geschmack gekommen, kann man sie natürlich auch selbst backen. Wenn sich nach etwa acht bis zehn Tagen der Verdauungsapparat etwas an die neue Kost gewöhnt hat, kann man die nächsten Schritte machen und einige der Mahlzeiten durch vollwertige Kost ersetzen. Nach etwa drei bis vier Wochen bereitet es dem Magen-Darm-Trakt keine Schwierigkeiten mehr, wenn man ganz auf die Vollwertkost umsteigt. Durch die Vielfalt der Vollwertprodukte ist Abwechslung im Speiseplan garantiert.

Umstellung auf ballaststoffreiche Kost
Durch die Umstellung von ballaststoffarmer auf ballaststoffreiche Kost kann sogar eine Verstopfung meist ohne Medikamente behoben werden. Doch Vorsicht vor zuviel des Guten. Wer bei der Umstellung auf ballaststoffreiche Kost zu schnell ans Ziel kommen will, kann mitunter das Gegenteil erreichen. Der Körper rebelliert nämlich und fordert nach langjähriger Entwöhnung der Ballaststoffe nach einer gewissen Anpassungszeit. Ernährungswissenschaftler empfehlen daher, die Umstellung mit gut verträglichen Brotsorten wie Grahambrot, Vollkornknäckebrot und Roggenschrotbrot zu beginnen. Diese Sorten sollten anfangs weiße Brötchen und Weißbrot ersetzen. Vor allem mit Speisekleie kann ein Defizit an Ballaststoffen ausgeglichen werden. Speisekleie wird aus den Randschichten des Getreidekorns gewonnen und besteht fast ausschließlich aus Ballaststoffen.
Doch muß beim Verzehr der Kleie einiges beachtet werden. Es ist ratsam, sie trocken und möglichst keimfrei zu lagern, um bakteriellen Verunreinigungen vorzubeugen. Trockene Kleie bindet viel Flüssigkeit. Man sollte sie daher vor dem Verzehr einweichen und quellen lassen. Dafür eignet sich Milch oder Joghurt. Flüssigkeitsmangel durch zu trokkene Kleie kann das Gegenteil von dem bewirken, was beabsichtigt war.

Weniger Schadstoffe
Pflanzliche Produkte stehen am Anfang der Nahrungskette und sind daher weniger belastet als tierische Nahrungsmittel. Um einen Teil der Schadstoffe zu vermeiden, enpfiehlt es sich, die Ernährung auf überwiegend pflanzliche Kost umzustellen.

Regulierung des Sättigungsgefühls
Wenn man sich konsequent vollwertig ernährt, wird man nach einiger Zeit auch wieder die Signale bemerken, die der Körper aussendet. Das gilt vor allem für den Zusammenhang zwischen Hunger und Sättigungsgefühl. Da Vollwertkost länger gekaut werden muß, wird das Sättigungsgefühl so rechtzeitig wahrgenommen, daß man mit dem Essen aufhört, wenn der Hunger vorbei ist.

Leichte Vollwertkost bei Krankheiten
Bei einem Großteil von Erkrankungen der Verdauungsorgane ist nach heutigen wissenschaftlichen Erkenntnissen keine spezielle Diät erforderlich. Die früher verordnete Schonkost war meist zu einseitig, ihr fehlten ausreichende Mengen von Vitalstoffen. Heute wird die „leichte Vollkost" empfohlen, wobei der Leitsatz gilt: Es ist alles erlaubt, was der einzelne verträgt. Jeder muß also selbst ausprobieren, welche Speisen und Getränke für ihn verträglich sind. Oft spielt auch die verzehrte Menge eine große Rolle. Kleinere Mengen werden oft besser vertragen.

Auf einen Blick

Vollwertkost wirkt günstig bei

Leber-, Magen-, Gallen- und Darmerkrankungen
Diabetes
Rheuma
Herz-, Kreislauferkrankungen
Verstopfung
Übergewicht

Lebensmittel mit „leeren Kalorien"

Zucker
Süßigkeiten
Limonaden
Gehärtete Fette (Margarine, ausgenommen Reformmargarine)
Auszugsmehl und alle Produkte aus solchen weißen Mehlen (Weißbrot, Nudeln, Weizen-Toast)

Günstige Lebensmittel

Vollkornmehl und Vollwertprodukte
Müsli
Getreidebrei
Vorzugsmilch
unbehandeltes Obst
unbehandeltes Gemüse
naturbelassener Reis
Kartoffeln
Kräuter
getrocknete Aprikosen
getrocknete Feigen
getrocknete Pflaumen
Erdnüsse
Kokosnuß
Mandeln

Vom Korn zum Mehl

Getreide zählt zu den ältesten Nutzpflanzen und ist bis heute auf der ganzen Welt das wichtigste Grundnahrungsmittel. Die heute angebauten Getreidearten wurden im Laufe der Jahrtausende aus wildwachsenden Gräsern gezüchtet.

Unsere Vorfahren lebten noch bis weit in das 18. Jahrhundert hauptsächlich von Getreide, wobei sie nach den heutigen Erkenntnissen sehr gesund lebten. Das Getreidekorn enthält fast alle Nähr- und Aufbaustoffe, die für die Gesundheit und die Leistungsfähigkeit gebraucht werden. Außerdem hat Getreide noch den Vorteil, daß es gut transport- und lagerfähig ist.

Das Korn ist so wertvoll für die Ernährung, weil die energiereichen Nährstoffe und die Vitalstoffe, die das Samenkorn mitbekommt, damit eine neue Pflanze daraus entstehen kann, in ihm enthalten sind. Doch beide Gruppen sind nicht gleichmäßig verteilt, sondern kommen im Mehlkörper, im Keim und in den Randschichten in unterschiedlicher Verteilung vor.

Der Stärkekern der Getreidekörner, mengenmäßig der größte Anteil, ist sozusagen das Vorratslager des Keimlings und dient ihm als Nahrung.

Beim Keim handelt es sich um den pflanzlichen Embryo, aus dem die neue Pflanze heranwachsen soll.

Eiweiß im Korn
Das pflanzliche Eiweiß ist sowohl im Mehlkörper wie im Keim und auch den Randschichten enthalten. Während sich im Keim und in den Randschichten das hochwertige Eiweiß findet, enthält der Mehlkörper das sogenannte Klebereiweiß. Es ist zwar für die Ernährung weniger wichtig, verfügt dafür aber über Eigenschaften, die sich als überaus günstig beim Backen erweisen.

Fettanteil des Korns
Der Fettanteil des Getreides ist im Vergleich mit Fleisch oder Käse ziemlich gering und liegt zwischen zwei und sieben Prozent. Dennoch entpuppt sich das pflanzliche Fett als ernährungstechnisch sehr wertvoll, weil es sich um die lebensnotwendige, mehrfach ungesättigte Fettsäure Linolsäure handelt.

Vitamine und Mineralstoffe im Korn
Vorwiegend im Keim und in den Randschichten sind die Vitamine und Mineralstoffe enthalten. Dabei handelt es sich um die wichtigen Vitamine des B-Komplexes, die für die Erhaltung der Konzentration und der Leistungsfähigkeit unerläßlich sind, aber auch um die Vitamine A und E wie auch das Niacin. Bei den im Korn enthaltenen Mineralien handelt es sich um die drei, die der menschliche Organismus am nötigsten braucht, um Eisen, Kalium und Magnesium.

Ballaststoffe im Korn
Auch die Randschichten haben es in sich, obwohl sie lange Zeit als unverdauliche Ballaststoffe galten, die man am liebsten verfütterte. Heute weiß man, daß diesen zwar unverdaulichen Pflanzenfasern eine besondere Bedeutung zukommt, weil sie wichtige Aufgaben im Körper erfüllen: Zum einen tragen sie zur Sättigung bei, weil sie gut gekaut werden müssen und im Gegensatz zu ballaststoffarmen Lebensmitteln länger im Magen verweilen. Darüber hinaus quellen die Faserstoffe stark auf, wodurch der Darm zu erhöhter Aktivität angeregt wird. Außerdem beschleunigen die Faserstoffe den Transport des Speisebreis durch den Darm. Zwar konnte man die genauen Funktionen der Faserstoffe bislang noch nicht klären. Fest steht jedoch, daß sie verschiedene Krankheiten des Magen-Darm-Bereiches verhindern können.

Das ganze Korn muß es sein
Zusammenfassend kann man feststellen: nur das ganze Korn enthält alle für die Vollwerternährung so wichtigen Vitalstoffe.
Es gibt jedoch zwei Gründe, weswegen gerade die Randschichten und Keimlinge durch Reinigungs-und Mahlverfahren entfernt wurden:

Die Lagerfähigkeit
Wegen der leichten Verderblichkeit der Vitamine, Proteine und besonders der Fettsäuren wird Auszugsmehl

hergestellt, das nur noch aus dem Mehlkörper besteht und lange lagerfähig ist.

Das Aussehen
Bereits im Altertum schätzten zum Beispiel die Römer besonders weißes Mehl, das nur einige spezialisierte Müller herstellen konnten. Daß weißes Mehl besser schmeckt, ist ein Irrtum. Doch dieser Irrtum hat sich bis heute zäh gehalten, so daß weißes Auszugsmehl überall den Vorzug erhält.

Ausmahlungsgrade von Auszugsmehl
Auch bei den Auszugsmehlen gibt es Unterschiede, die in unterschiedlichen Ausmahlungsgraden ausgedrückt werden, je nachdem, wieviel von den Randschichten oder dem Keim abgetrennt wurde. Dabei gilt: Je niedriger der Ausmahlungsgrad einer Mehlsorte, desto mehr der wertvollen Kornanteile wurden entfernt. Umgekehrt: Je höher der Ausmahlungsgrad, desto mehr Schalen- und Keimanteile, also Vitalstoffe sind erhalten geblieben.

Mehltypenzahl
Der Verbraucher kann den Ausmahlungsgrad an der Mehltypenzahl erkennen. Sie gibt den mittleren Mineralstoffgehalt in mg pro 100 g Mehl an. Das immer noch am häufigsten angebotene und verwandte Mehl der Type 405 hat einen Mineralstoffgehalt von 405 mg in 100 g Mehl. Reine Vollkornmehle sind nicht mit einer Typennummer benannt, da alle Kornbestandteile vermahlen werden. Doch der Mineralstoffgehalt des vollen Korns würde etwa den Typenzahlen 1700-2000 entsprechen.

Selber mahlen
Ohnehin sollte man der Gesundheit zuliebe einen Getreidevorrat im Haus haben und die benötigte Menge vor der Verwendung frisch mahlen. Die Vitalstoffe sind sehr empfindlich und beginnen sich unter Einfluß von Licht, Luft und Wärme zu zersetzen. Dabei verlieren sie nicht nur Duft und Aroma, sondern auch ihren gesundheitlichen Wert. Aus diesem Grund gehört in die Vollwertküche auch eine Getreidemühle, die allerdings nicht ganz billig ist.

Schroten
Günstig ist es, Getreide grob zu schroten und einige Stunden in Wasser einzuweichen, bevor man es als Müsli ißt. Ganze Körner sollte man vor dem Essen allerdings kurz garen — etwa 30 Minuten bei milder Hitze im Einweichwasser.

Keimen
Eine ganz besondere Vitaminbombe sind gekeimte Körner. Wenn man zum Beispiel Weizen keimen läßt, erhöht sich der Gehalt der Vitamine B1, B2 und B6 innerhalb von 12 bis 24 Stunden um das Doppelte. Andere Vitamine vermehren sich noch drastischer. Man sollte jedoch darauf achten, daß die Körner

nicht zu schimmeln beginnen. Das läßt sich verhindern, indem man sie morgens und abends gut abspült und das Wasser wechselt. Nach zwei oder drei Tagen bilden sich kleine Keime.

Getreideflocken
Wem jedoch das Schroten zu umständlich erscheint, der kann im Handel Getreideflocken bekommen. Die bekanntesten sind die Haferflocken. Doch auch Weizen-, Hirse- oder Gerstenflocken werden angeboten. Sie werden zur besseren Haltbarkeit besonders behandelt, wodurch ein Teil des Vitamingehaltes verlorengeht. Trotzdem enthalten sie im Vergleich zu anderen Lebensmitteln immer noch einen relativ hohen Anteil an Vitaminen.

Auf einen Blick

Nährwert von verschiedenen Kornprodukten:

Haferflocken

Protein 14 g
Fett 7 g
mehrfach ungesättigte Fettsäuren 4,2 g
Kohlenhydrate 66 g
Energie 1680 kcal
Natrium 3 mg
Kalium 360 mg
Kalzium 65 mg
Phosphor 405 mg
Eisen 3,6 mg
Vitamin A —
Vitamin B1 0,4 mg
Vitamin B2 0,15 mg

Weizenkeime

Protein 27 g
Fett 9 g
mehrfach ungesättigte Fettsäuren 5 g
Kohlenhydrate 46 g
Energie 1670 kcal
Natrium 5 mg
Kalium 840 mg
Kalzium 70 mg
Phosphor 1100 mg
Eisen 8,1 mg
Vitamin A 160 g
Vitamin B1 2,0 mg
Vitamin B2 0,7 mg

Roggenmehl Type 1150

Protein 9 g
Fett —
mehrfach ungesättigte Fettsäuren —
Kohlenhydrate 75 g
Energie 1490 kcal
Natrium 1 mg
Kalium 295 mg
Kalzium 20 mg
Phosphor 235 mg
Eisen 2,4 mg
Vitamin A —
Vitamin B1 0,2 mg
Vitamin B2 0,1 mg
Vitamin C —

Weizen-Vollkornmehl

Protein 8 g
Fett 1 g
mehrfach ungesättigte Fettsäuren —
Kohlenhydrate 47 g
Energie 1010 kcal
Natrium 430g
Kalium —
Kalzium 95 mg
Phosphor 265 mg
Eisen 2,0 mg
Vitamin A —
Vitamin B1 0,2 mg
Vitamin B2 0,15 mg

Gerätekunde

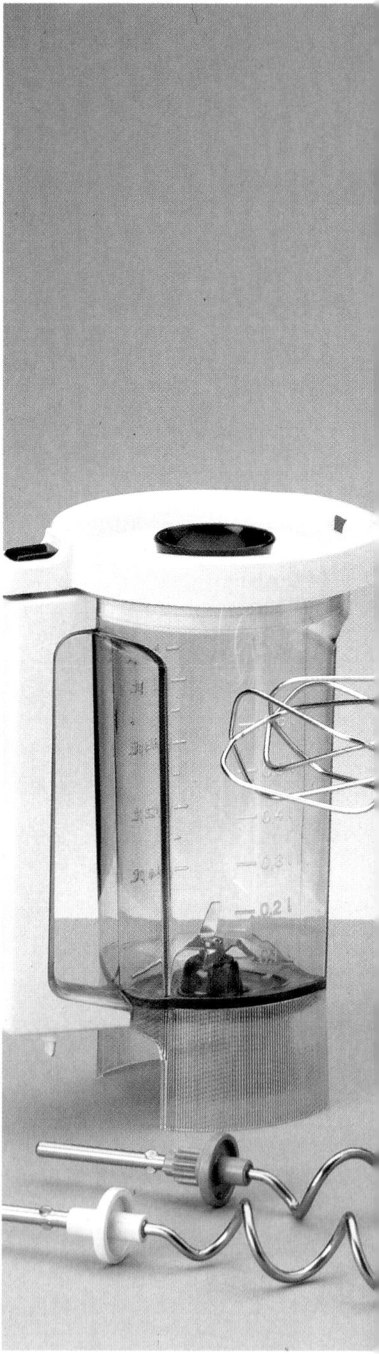

Elektrische Geräte
Wer sich beim Backen Arbeit ersparen will, schafft sich am besten die notwendigen Geräte an.

Getreidemühlen
Wendet man sich der Vollwertbäckerei zu, lohnt sich eine Vollkorn- und Ölsaatmühle. Die meisten dieser Maschinen sind allerdings etwas teuer. Doch sie rentieren sich auf Dauer gesehen. Beim Selbstmahlen bleiben vor allem der natürliche Geschmack und das Aroma erhalten.

Mahlwerktypen
Es gibt sie in den verschiedensten Variationen, mit schwächeren oder stärkeren Motoren und unterschiedlichen Mahlwerken.

Scheibenmahlwerk:
horizontale oder vertikale Mahlscheibe aus Stein oder Stahl dreht sich um eine feststehende Scheibe.

Stahlmahlwerk:
vielfältiger einsetzbar, da es sich leichter säubern läßt. Erzeugt ein schrotiges Mehl von grob bis fein.

Steinmahlwerk:
Etwas heikel, da die fetthaltigen Getreidesorten den Stein verkleben. Allerdings mahlen sie lockerer und flokkiger. Vorteilhaft für Feingebäck.

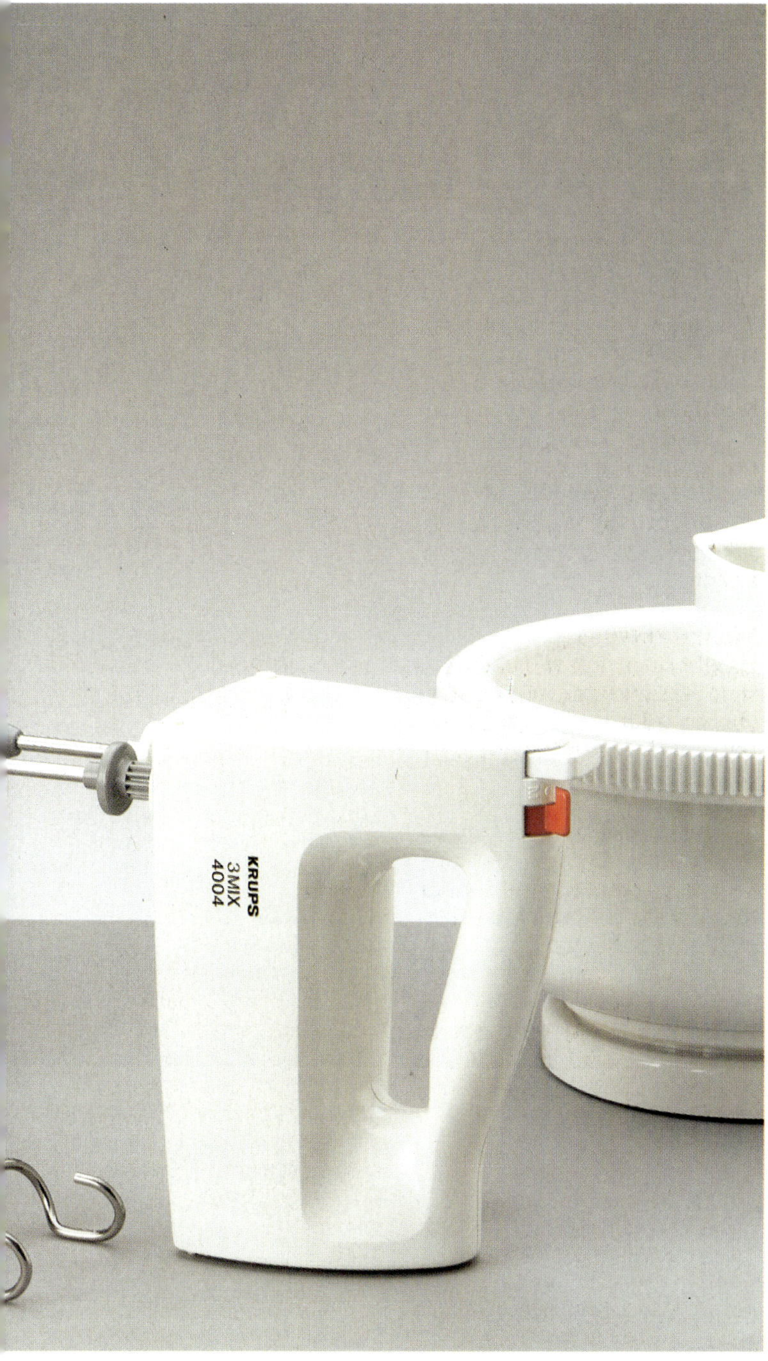
KRUPS
3MIX
4004

Keramikmahlwerk:
kombiniert die Vorteile von Stein- und Stahlmahlwerk. Günstig, da alle Getreidearten gemahlen werden können.

Kegelmahlwerk:
besteht aus Stein, Stahl oder Keramik. Mahlkegel sitzt in einem Kegelring, in dem er sich dreht. Motor wird weniger belastet.

Handmühlen:
Es gibt auch sehr schöne Handmühlen. Doch sie bleiben häufig als Dekorationsgegenstand im Küchenregal stehen. Außerdem ist die Handhabung nicht ganz einfach.

Rührgeräte
In viele Küchenmaschinen ist eine Rührvorrichtung integriert. Dabei rotieren Knethaken und rühren den Teig, der sich in einer feststehenden oder sich drehenden Schüssel befindet.

Handrührgeräte
Sie sind schnell einsetzbar und bequem zu handhaben. Das elektrische Grundgerät wird mit der Hand geführt, kann in verschiedene Stufen eingestellt werden. Die Einsätze können gewechselt werden.

Das Handwerkszeug
Nichts ist so ärgerlich wie das Fehlen irgendeines unerläßlichen Gerätes, besonders, wenn man bereits beim Backen ist.

Meßgeräte
Das genaue Abmessen der Zutaten ist beim Backen wichtig fürs Gelingen. Eine Küchenwaage macht es möglich, die Zutaten abzuwiegen. Für das Abmessen der Flüssigkeiten braucht man außerdem einen Meßbecher.

Schüsseln
Praktisch, aber teuer sind Edelstahlschüsseln, die man auf ein feuchtes Küchentuch stellt, um ihnen die notwendige Rutschfestigkeit zu verleihen. Billiger und ebenfalls praktisch sind Schüsseln aus hitzebeständigem Kunststoff. Zum Schlagen von Eischnee oder Sahne braucht man schließlich ein Gefäß mit rundem Boden und einem Standfuß. Sie werden in Edelstahl angeboten oder auch in Kupfer.

Löffel, Schneebesen, Kratzer
Die Rührlöffel für den Teig sollten ein gelochtes Blatt haben. Außerdem braucht man einen Schneebesen zum Teiganrühren sowie einen Gummiteigschaber oder eine Teigkarte zum Leeren der Schüsseln.

Kleingeräte
Eines der wichtigsten Kleingeräte ist ein breiter Pinsel, mit dem man die Backform mit Fett auspinselt oder Eigelb auf die Kuchenoberfläche streicht.
Sehr praktisch ist auch ein gezacktes Handrad, mit dem aus ausgewalztem Teig Figuren oder Plätzchen ausgeradelt werden.
Gute Dienste leistet schließlich auch ein Spritzbeutel mit verschiedenen Tüllen zum Garnieren.

sonic
Restzeit-Anzeige
Zeitvorwahl
Betrieb
Fertig
0:00
Betriebswahl
Zeitvorwahl
Starten
Stoppen
Löschen

Backkunde

Das Backen ist eine Wissenschaft für sich, denn es kommt oft auf Kleinigkeiten und meist auf Genauigkeit an. Die genauen Mengen der Zutaten sind besonders wichtig für das Gelingen.

Vorbereitung
Ganz entscheidend kommt es beim Backen auf die Vorbereitung an. Dazu gehört vor allem die Teigzubereitung, die zum Beispiel im Fall von Sauerteig, Hefeteig oder auch dem Blätterteig einige Zeit in Anspruch nimmt.

Backen mit Vollkornmehl
Vollkornmehle haben einige spezielle Eigenschaften, die man beim Backen beachten sollte. Die guten Backeigenschaften des Getreides werden vor allem durch die Stärke und das Klebereiweiß bewirkt. Die wertvollen Randschichten, Kleie, Aleuronschicht und Keimling sind nicht backfähig, das heißt, sie beeinflussen den eigentlichen Backvorgang kaum.

Vollwertbacken erfordert besondere Vorkehrungen
Um auch mit Vollkornmehl gut gelockerte Backwaren herstellen zu können, müssen einige Maßnahmen gegenüber den herkömmlichen Backrezepten getroffen werden: Etwas höhere Wasserzugabe, Verringerung der Backtemperaturen um etwa 20 Grad, dafür Verlängerung der

Backzeiten um 10 bis 20 Prozent.
Da die in den Randschichten enthaltenen Enzyme Stärke und Eiweiß abbauen, sollte die Hefezugabe um rund 30 Prozent reduziert werden, die Teigtemperatur um etwa 4 Grad niedriger sein, die Knetzeiten um 20 Prozent und die Teigruhe um 30 Prozent verkürzt werden.

Die Getreidearten
Die verschiedenen Getreidearten haben unterschiedliche Geschmacksnuancen, aber auch differierende Backeigenschaften.

Weizen nimmt unter den Getreidearten eine Sonderstellung ein. Das liegt an dem Eiweiß des Mehlkörpers, dem sogenannten Klebereiweiß, der auch als Gluten bezeichnet wird. Es kann nämlich bis zu dem Dreifachen seines Gewichtes an Wasser binden, was der Grund für seine guten Backeigenschaften ist. Außerdem bildet das Klebereiweiß elastische Stränge, die die beim Backen entweichende Kohlensäure zurückhält, wodurch die Poren entstehen.
Dinkel hat sehr gute Backeigenschaften, weil diese auch als Spelzweizen bezeichnete Weizenart besonders viel Klebereiweiß, Kalzium und Phosphor enthält. Dinkel ist selten im Angebot, da die Erträge begrenzt sind.
Grünkern ist halbreif geernteter Dinkel, der dann vorsichtig getrocknet wird. Er bekommt durch das Darren, das Trocknen über Holzfeuer, seinen typischen, würzig rauchigen Geschmack.
Roggen ist eine Getreideart, die noch nicht so lange kultiviert wird wie Weizen. Wird vorwiegend zur Brotherstellung verwendet. Roggen kann nur nach vorhergehender Säuerung verbacken werden. Er enthält hochwertiges Eiweiß, Magnesium, Kalzium, Kalium, Phosphor.
Gerste hat von allen Getreidearten die kürzeste Wachstumsperiode. Sie enthält wenig Klebereiweiß und ist deshalb zum Backen nur in Verbindung mit anderen Getreidearten geeignet. Enthält viel Eiweiß, Kalium, Phosphor, Magnesium und Vitamine der B-Gruppe.
Hafer-Körner sind von dicken Spelzen umhüllt, die nur durch einen speziellen Mahlvorgang entfernt werden können. Mittlerweile gibt es auch eine Neuzüchtung: Nackthafer, der sich gut zum Kochen eignet. Er ist das eiweißreichste Getreide und hat einen hohen Anteil ungesättigter Fettsäuren. Wegen der besonderen Zusammensetzung der Faser- oder Ballaststoffe kann er als einziges Getreide den Cholesterinspiegel senken.
Buchweizen ist eigentlich kein Weizen. Er gehört nicht zu den Gräsern, sondern ist ein Knöterichgewächs. Die dreieckigen Körner sind reich an Vitaminen, Mineralstoffen und vor allem Lecithin. Buchweizen eignet sich gut für Gebäck und Müslis.

Hirse hat sich in der Vollwertbäckerei einen festen Platz erobert und wird für knuspriges Gebäck verwendet. Enthält viele Mineralstoffe, vor allem Phosphor, Magnesium, Eisen und Vitamine des B-Komplexes. Hirse wirkt durch seinen hohen Gehalt an Kieselsäure regenerierend auf angegriffenes Haar und Haut.
Mais enthält viele Mineralstoffe sowie das Provitamin A und das Vitamin E. Dafür hat er sehr wenig Eiweiß. Auch das Klebereiweiß fehlt, weshalb Mais schlechte Backeigenschaften hat und mit anderen Getreidearten gemischt werden muß.

Die Teigarten

Rührteig zählt zu den beliebtesten Teigarten. Wie der Name schon sagt, ist für das Gelingen das Rühren wichtig, weil dabei Luft an den Teig kommt und das Gebäck zart und locker wird. Weiches Fett, Honig, Eier und das Gemisch aus Vollkornmehl, Backpulver und eventuell Speisestärke in eine hohe Schüssel geben. Mit dem Handrührgerät zwei Minuten rühren, bis der Teig schwerreißend vom Löffel fällt. Zum Schluß Zutaten mit dem Teigschaber unterheben.
Vollwert-Biskuit ist ein feinporiges Gebäck, das mit reichlich Eiern zubereitet wird. Das A und O ist das Schlagen der Eier, wobei viel Luft in die Masse gelangt. Am besten werden Eiweiß und Eigelb getrennt geschlagen und dann zusammengerührt. Honig zugeben. Danach das Gemisch aus Vollwertmehl und Backpulver mit dem Schneebesen locker unterheben.
Vollwert-Hefeteig ist sehr vielseitig zu verwenden. Er braucht viel Wärme, denn er wird durch die Einwirkung von Hefepilzen gelockert, die sich bei 25 bis 30 Grad entwickeln. Doch Vorsicht, bei zu hohen Temperaturen verlieren die Hefepilze ihre Triebkraft. Während Frischhefe nur begrenzt haltbar ist, kann man Trockenhefe etwa zwölf Monate aufbewahren.
Zuerst Vollwertmehl und Trockenbackhefe in einer Schüssel mischen, und dann nacheinander die Zutaten des Rezeptes zufügen. Den Teig zugedeckt an einem warmen Ort ruhen lassen, bis sein Volumen sich verdoppelt hat. Am besten geht er bei 30 Grad im Backofen mit geöffneter Tür.
Vollwert-Mürbeteig, der auch Knetteig genannt wird, ist so zart, daß er auf der Zunge zergeht. Je mehr Fett verwandt wird, desto besser schmeckt das Gebäck. Kein geschmolzenes, sondern gekühltes Fett verkneten.
Vollwertmehl auf ein Backbrett geben, Mulde formen, Ei hineingeben. Honig und Prise Salz zugeben. Kalte Fettflöckchen auf den Rand geben. Zutaten mit einem Messer hacken. Anschließend alles mit den Händen schnell zu einem glatten Teig verkneten, in eine Folie wickeln und vor dem Weiterverarbeiten eine Weile kaltstellen.

Vollwert-Brandteig ist ein leichter, luftiger Teig, den man gerne für Windbeutel und Fettgebäck verwendet. Hauptzutaten dieses Teiges sind: Vollwertmehl, Fett, Wasser und Salz, die in einem Topf erhitzt und unter Rühren zu einem Kloß abgebrannt werden. Daher der Name Brandteig. Danach kommen die Eier hinzu. Sie sorgen dafür, daß der Teig beim Backen stark aufgeht. Statt Poren entstehen Luftlöcher.

Es werden so viele Eier hinzugefügt, bis der Teig stark glänzt und vom Rührlöffel oder Knethaken des Handrührgerätes herunterhängt. Teig in Spritzbeutel mit gezackter Tülle füllen und in Häufchen auf das Blech spritzen.

Vollwert-Blätterteig ergibt unvergleichlich knuspriges Gebäck. Doch seine Herstellung braucht viel Zeit. Deshalb sollte man, wenn möglich, tiefgefrorenen Teig verwenden, der im Handel angeboten wird. Der Effekt des Blätterteigs: In einen Knetteig wird Butter eingeschlagen, dann wird er mehrmals ausgerollt und übereinandergeschlagen. Dadurch gelangt die Butter in jede Teigschicht. Beim Backen verdampft das Wasser in der Butter und treibt die Schichten in die Höhe. Den aufgetauten Teig niemals kneten, sondern nur ausrollen und ausstechen.

Vollwert-Strudelteig süß oder pikant — eine Spezialität aus Österreich. Der Teig benötigt nur wenige Zutaten, die zuerst geknetet werden: Mehl, Salz, Öl, Eigelb und Wasser. Nach dem Ruhen wird der Teig ausgerollt. Danach erfolgt das für den Strudelteig so typische Ausziehen. Das erfordert Geschick und Mühe. Je dünner der Teig ausgezogen wird, desto knuspriger wird später das Gebäck.

Zutaten in einer Schüssel mit dem Knethaken des Handrührgerätes verkneten, bis er sich vom Schüsselrand löst. Mit den Händen weiterkneten. Eingeölt unter einer warmen Schüssel ruhen lassen. Dann den auf einem Geschirrtuch ausgerollten Teig über die Handrücken ziehen, bis das Muster des Tuches sichtbar wird. Den ausgezogenen Teig mit den Zutaten füllen und mit Hilfe des Geschirrtuches aufrollen.

Vollwert-Sauerteig: Teig für schweres dunkles Brot. Er sorgt als Lockerungsmittel dafür, daß das Brot eine schöne Kruste und ein saftiges Aroma erhält. Früher mußte Sauerteig angesetzt werden und konnte erst nach einigen Tagen verwandt werden. Heute gibt es fertigen Sauerteig, was das Backen von Roggenbrot sehr vereinfacht.

Die verschiedenen Mehlsorten und Trockenhefe in eine Schüssel geben und mischen. Dann den Sauerteig dazugießen. Alles zu einem glatten Teig verkneten. Den Teig 30 Minuten an einem warmen Ort zugedeckt gehen lassen. Danach gut durchkneten und in einer gefetteten Form nochmals gehen lassen.

Schlesisches Roggenbrot

400 g warme Buttermilch
30 g Hefe (3/4 Würfel oder 1 1/2 Tüten Trockenhefe)
250 g Roggenbackschrot (Type 1800)
250 g Mehl (Type 1050)
1 gehäufter TL Salz
1 EL Essig
Wasser
50 g Röstzwiebeln

Warme Buttermilch und Hefe in einer Rührschüssel verrühren, Mehle und alle anderen Zutaten hinzugeben und einen geschmeidigen Teig bereiten. Von Hand 7 Minuten, Rührgerät mit Knethaken auf höchster Stufe 3 Minuten kneten. Teig abgedeckt 20 Minuten gehen lassen. Danach kurz durchkneten und in eine Kastenform (26-30 cm lang) geben. Abgedeckt 20 Minuten gehen lassen. Der Länge nach 1 Zentimeter tief einschneiden und mit Wasser abstreichen. Bei 200 Grad im vorgeheizten Backofen 45 Minuten backen. Gut abkühlen lassen.
Für 6 Personen
Gesamtbackzeit: 45 Minuten
Siehe Foto rechts unten

Schiffs-Mischbrot aus Weizen- und Roggenmehl

350 g warme Buttermilch
40 g Hefe (1 Würfel oder 2 Tüten Trockenhefe)
350 g Weizenmehl (Type 1050)

50 g Roggenmehl
(Type 1150)
1 gestrichener TL Salz
200 g ausgebratene Speckwürfel
etwas Milch zum Abstreichen

Warme Buttermilch und Hefe in einer Rührschüssel verrühren, Mehle und alle übrigen Zutaten hinzugeben und zu einem geschmeidigen Teig verarbeiten. Von Hand 7 Minuten, Rührgerät mit Knethaken 3 Minuten auf höchster Stufe kneten. Abgedeckt 20 Minuten gehen lassen. Laib formen und auf einem gefetteten Backblech wieder 20 Minuten abgedeckt gehen lassen. Dreimal quer einschneiden und mit Milch abstreichen. Bei 230 bis 250 Grad, dann bei 180 bis 200 Grad 60 Minuten backen.
Für 6 bis 8 Personen
Gesamtbackzeit: 60 Minuten
Siehe Foto Seite 36/37 Mitte links

Gärtnerbrot

400 g Buttermilch, lauwarm
40 g Hefe (1 Würfel oder 2 Tüten Trockenhefe)
300 g Weizenmehl
(Type 1050)
200 g Roggenmehl
(Type 1150)
1 gehäufter TL Salz
2 mittelgroße Zwiebeln, gehackt
1 Knoblauchzehe
1 Prise Muskatnuß
2 EL Dill
Wasser
etwas frische Petersilie

Hefe in der Buttermilch auflösen. Die Mehle hinzugeben und verrühren. Die übrigen Zutaten hinzufügen und einen geschmeidigen Teig bereiten. Von Hand 7 Minuten, Rührgerät mit Knethaken 3 Minuten kneten. Teig abgedeckt 20 Minuten gehen lassen. Danach kurz durchkneten, in eine Backform geben und wieder 20 Minuten gehen lassen. Mit Wasser bestreichen und bei 200 Grad 50 Minuten backen.
Als Serviertip für eine Party: Geben Sie Brot wieder in die Backform, stechen Sie mit einer Gabel ein und stecken die Petersilie in die Löcher.
Für 6 bis 8 Personen
Gesamtbackzeit: 50 Minuten
Siehe Foto Seite 36/37 Mitte rechts

Vollkornbrot mit ganzen Körnern

500 g Weizenkörner
30 g Hefe
20 g Honig
1/4 l Milch
50 g Weizenkleie
1/2 TL Salz
Wasser
60 g Butter

Die Weizenkörner mittelfein schroten. Den Schrot in eine Schüssel geben, in die Mitte eine Vertiefung drücken und die Hefe hineinbröckeln. Den Honig und 4 Eßlöffel erwärmter Milch zufügen, alles mit etwas Mehl vom Rand vermischen, zu einem Vorteig rühren und zugedeckt an einem warmen Ort ruhen lassen.

In der Zwischenzeit die Weizenkleie in der restlichen Milch einweichen. Dann zusammen mit Salz und der in kleine Stücke geschnittenen Butter zu dem Teig geben. Alles gut miteinander verkneten. Etwa 60 Minuten zugedeckt gehen lassen. Auf bemehlter Arbeitsfläche ein rundes Brot ausformen. Auf ein gefettetes Backblech legen, zudecken und nochmals an warmer Stelle gehen lassen, bis sich der Umfang um 1/3 vergrößert hat. Mit Wasser bestreichen und im vorgeheizten Backofen bei 200 Grad 50 bis 60 Minuten backen.
Für 8 bis 10 Personen
Gesamtbackzeit:
ca. 60 Minuten
Siehe Foto Seite 39

Erdnuß-Früchtebrot

Für den dunklen Teig:
150 g Rosinen
150 g getrocknete Aprikosen
150 g getrocknete Pflaumen
1/2 l lauwarmer Birnennektar
1 Würfel frische Hefe
100 g Butter
250 g Honig
500 g frisch gemahlenes Roggenmehl
4 EL Kakaopulver
2 TL Zimt
2 TL Ingwer
1 TL Muskatblüte
1 Prise Salz
200 g Erdnüsse
Für den hellen Teig:
15 g frische Hefe
1/8 l lauwarme Milch
150 g Weizenmehl
1 Prise Zucker
15 g weiche Butter
100 g feingemahlene Erdnüsse
1 Eigelb zum Bestreichen

Die Trockenfrüchte mehrere Stunden in 1/4 Liter Birnennektar einlegen. Die Hefe zerkrümeln und mit 3 Eßlöffeln Birnennektar anrühren. Den Vorteig zugedeckt an einem warmen Ort 20 Minuten stehen lassen. Inzwischen die Butter und den Honig schmelzen. Die Trockenfrüchte in Würfel schneiden. Den Vorteig mit Mehl, Kakaopulver, dem restlichen Birnensaft, Honigbutter und den Gewürzen mit dem Knethaken zu einem Teig verarbeiten. 30 Minuten gehen lassen. Die Trockenfrüchte und die Erdnüsse unterheben. Den Teig mindestens 1 Stunde gehen lassen.
Für den hellen Teig die Hefe zerkrümeln, mit 3 Eßlöffeln warmer Milch verrühren. Zugedeckt 15 Minuten gehen lassen. Mit den übrigen Zutaten verkneten und weitere 20 Minuten gehen lassen.
Den Teig zu einem Rechteck ausrollen.
Den dunklen Teig in den hellen Teig einhüllen und mit dem Teigrand nach unten in die gefettete Form setzen. Das Brot bei 180 Grad 60 bis 80 Minuten backen. 10 Minuten vor Ende der Garzeit mit dem Eigelb bestreichen. Mit einem Holzstäbchen die Garprobe machen.
Für 6 bis 8 Personen
Gesamtbackzeit:
ca. 80 Minuten
Siehe Foto

Vollkorn-Kräuterfladen

500 g Weizenvollkorn, fein geschrotet
gut 3/8 l lauwarmes Wasser
10 g Hefe
1 EL Salz
100 g Margarine
Zum Bestreichen:
4-5 EL Olivenöl
1 Knoblauchzehe, auf Salz zerrieben
je 1 TL Rosmarin und Oregano, gerebelt oder frisch

Das Mehl in eine Schüssel geben und in die Mitte eine Vertiefung drücken. Das Wasser mit der Hefe verrühren, in die Vertiefung geben, mit etwas Mehl vom Rand bestreuen und zugedeckt so lange stehenlassen, bis die Hefe Blasen wirft. Dann das Salz und die weiche Margarine in Flöckchen auf dem Mehlrand verteilen. Alle Zutaten von der Mitte aus zu einem glatten Teig verarbeiten und schlagen, bis er Blasen wirft. Den Teig zu einer Kugel formen und etwa 2 Stunden gehen lassen. Das Teigvolumen sollte sich verdoppelt haben. Den Teig nochmals gut durchkneten und in etwa 10 Portionen teilen. Jede Portion wie eine Pizza zu einem runden Fladen formen und leicht ausrollen. Die Fladen auf ein leicht gefettetes Backblech legen. Das Olivenöl mit Knoblauchmus, Rosmarin und Oregano verrühren und jeden Fladen gleichmäßig damit bestreichen. Im vorgeheizten Backofen bei 220 Grad 20 bis 25 Minuten knusprig backen.
Für 6 Personen
Gesamtbackzeit:
ca. 25 Minuten
Siehe Foto

Nuß-Bananen-Brot

3 Bananen
100 g gehobelte Haselnußkerne
3 EL Butter
200 g Honig
3 EL Milch
3 Eier
1 Vanilleschote
250 g Weizen-Vollkornmehl
1 TL Backpulver
Prise Salz

Haselnußkerne in der Pfanne braunrösten und abkühlen lassen. Geschälte Bananen mit einer Gabel zu Mus drücken und in heißer Butter kurz andünsten. Abkühlen lassen. Honig und Eigelb mit dem Schneebesen des Handrührgerätes schaumig schlagen, Milch, Vanillemark und Bananenmus hinzufügen und gut durchrühren. Dann langsam das Weizen-Vollkornmehl, Backpulver, Salz und Haselnußkerne hineingeben und mit dem Knethaken des Handrührers unterheben. Eiweiß steifschlagen und vorsichtig unter den Teig heben. Eine Kastenform ausfetten, den Teig hineingeben und im vorgeheizten Ofen bei 180 Grad 1 Stunde backen.
Für 3 bis 4 Personen
Gesamtbackzeit:
ca. 70 Minuten

Vollkornstollen

400 g Weizenmehl
(Type 1050)
200 g Weizenschrot
1 1/2 Würfel Hefe
1/8 l lauwarme Milch
50 g Zucker
100 g Butter
50 g Honig
2 Eier
abgeriebene Schale von
1 Zitrone
je 1 Msp gemahlene Muskatnuß, Muskatblüte, Nelken und Kardamom
1/2 TL Salz
100 g Mandelstifte
50 g Sultaninen
50 g Korinthen
50 g gewürfeltes Orangeat
50 g gewürfeltes Zitronat
50 g Butter zum Bestreichen
20 g Farinzucker zum Bestreuen

Das gesiebte Mehl mit dem Weizenschrot in eine Schüssel geben und in die Mitte eine Vertiefung drücken. Die Hefe mit der Hälfte der lauwarmen Milch und dem Zucker verrühren und in die Vertiefung geben. Zugedeckt an einem warmen Ort ca. 15 Minuten gehen lassen. Dann die restliche lauwarme Milch, die zerlassene Butter, Honig, Eier, Zitronenschale und Gewürze zugeben und von der Mitte aus alles gut verkneten. Den Teig zugedeckt wiederum an einem warmen Ort etwa 30 Minuten gehen lassen. Die Mandelstifte, Sultaninen, Korinthen, das Orangeat und Zitronat in den Teig einarbeiten. Den Teig zu einer Platte von 22 x 36 Zentimeter auf leicht bemehlter Arbeitsfläche ausrollen und zu einem Stollen zusammenlegen. Ein Backblech leicht einfetten, den Stollen darauflegen und zugedeckt nochmals 30 Minuten gehen lassen. Er muß deutlich an Volumen zugenommen haben. Im vorgeheizten Backofen bei 175 Grad 75 bis 80 Minuten backen. Nach dem Backen noch heiß mit der flüssigen Butter bestreichen und mit dem Zucker bestreuen.

Für 8 bis 10 Personen
Gesamtgarzeit:
ca. 80 Minuten
Siehe Foto

Quarkstuten

1kg Weizenvollkornmehl
500 g Magerquark
300 g Butter oder Margarine
4 Eier
100 g Zucker
80 g Milch
100 g Backpulver
20 g Salz
500 g Rosinen
Zimt, Fett

Aus allen Zutaten (ohne Rosinen) einen Teig bereiten. Dann die Rosinen zugeben und den Teig länglich ausformen. Man benötigt 500 Gramm Teigmenge für je einen Stollenring oder eine Kastenform (25-30 cm lang). Bei 200 Grad ca. 30 Minuten im vorgeheizten Ofen backen. Nach dem Backen mit Fett einstreichen und mit Zimtzucker bestreuen.

Für 6 Personen
Gesamtbackzeit: 30 Minuten

Kerniges Sonnenblumenbrot

170 g Sonnenblumenkerne
1 Würfel Hefe
2 TL Meersalz
300 ml Wasser
350 g Weizen-Vollkornmehl
2 TL gemahlener Kümmel
1 EL gemahlener Koriander
6 EL Sonnenblumenöl
150 g Roggenvollkornmehl
1 Eigelb

150 Gramm Sonnenblumenkerne rösten. Hefe und Salz im Wasser auflösen. Weizen-Vollkornmehl mit den Gewürzen unterrühren, den Teig 5 bis 10 Minuten durcharbeiten. 5 Eßlöffel Sonnenblumenöl und das Roggenmehl dazugeben. So lange kneten, bis sich der Teig als Kloß von der Rührschüssel löst. Sonnenblumenkerne unterkneten. Aus dem Teig eine Kugel formen, zugedeckt 30 bis 40 Minuten bei etwa 18 Grad gehen lassen. Teig nochmals kräftig zusammenkneten. Die Teigkugel auf ein gefettetes Backblech legen und etwas flach drücken. Noch 20 Minuten gehen lassen. Eine runde, nasse Ausstechform (7,5 cm Durchmesser) in die Mitte des Brotes eindrücken. Den Rand des Brotes mit einem scharfen, nassen Messer 6- bis 7mal einschneiden. Eigelb mit 1 Teelöffel Wasser und 1 Eßlöffel Sonnenblumenöl verquirlen, Brot damit bestreichen. Einschnitte frei lassen. Brot mit den restlichen Sonnenblumenkernen bestreuen. Blech auf der zweiten Schiene von unten in den auf 200 Grad vorgeheizten Backofen schieben. Das Brot 40 Minuten backen.
Für 6 Personen
Gesamtbackzeit: 40 Minuten
Siehe Foto

Roggenbrot mit Sauerteig

1 kg Roggen
150 g Sauerteig (vom Bäcker)
3/4 l Wasser
1 EL Kümmel
1 EL Salz
1 EL Butter

300 Gramm Roggen mit feinster Einstellung mahlen und mit dem Sauerteig sowie 1/2 Liter handwarmem Wasser zu einem dickflüssigen Brei verrühren, wobei der Sauerteig gut zerdrückt werden muß. Dann die Schüssel mit Alufolie abdecken und bei 24 Grad 6 Stunden säuern lassen. Danach den restlichen Roggen mit dem Kümmel mischen und mahlen. 1 Eßlöffel Salz in 1/4 Liter handwarmem Wasser auflösen, einen Teil des Roggens zugeben, den Sauerteig und das restliche Mehl unterrühren.
Eine Kastenform von 1 1/2 Litern Inhalt mit Butter ausfetten. Teig einfüllen. 1 bis 1 1/2 Stunden an einem warmen Ort gehen lassen. Das Brot bei 250 Grad 15 Minuten, dann bei 200 Grad 45 Minuten backen. Aus der Form nehmen und weitere 10 Minuten backen, bis es knusprig ist.
Für 6 bis 8 Personen
Gesamtbackzeit: 70 Minuten

Pfannkuchen „Welcome Morning“

150 g Rosinen
knapp 100 ml Kirschsaft
125 g Buchweizenmehl
3/8 l Milch
4 Eier
1 Prise Salz
125 g Butter
Zimtzucker
Früchte der Saison

Die Rosinen über Nacht im Kirschsaft einweichen. Am nächsten Morgen das Buchweizenmehl mit der Milch und den Eiern verquirlen und mit Salz würzen. 10 Minuten quellen lassen, dann mit den Rosinen vermischen. In einer kleinen Pfanne etwas Butter erhitzen. Pro Pfannkuchen 1 kleine Kelle voll Teig hineingeben und auf beiden Seiten leicht braun braten. Auf einen Teller geben und ganz heiß mit etwas Butter bestreichen, dann mit Zimtzucker bestreuen. Mit Früchten der Saison belegen und sofort servieren.
Für 4 Personen
Gesamtbackzeit: 15 Minuten
Siehe Foto

Milchbrötchen

250 g Weizen-Vollkornmehl
250 g grobgemahlenes Weizen-Vollkornmehl
250 g Gersten-Vollkornmehl
2 Päckchen Trockenhefe
150 g Sauerteig (vom Bäcker)
1 TL Salz
3 Eier
2 EL Pflanzenöl

$^1/_2$ l warme Milch
4 EL gemahlene Hirse
4 EL Roggen-Vollkornmehl
2 Eigelb
Wasser

Weizen- und Gersten-Vollkornmehl in einer Schüssel mischen, die aufgelöste Hefe zugeben und alles gut durchmischen. Pflanzenöl, Salz, Eier, Sauerteig und Milch zugeben und mit dem Knethaken des Handrührgerätes zu einem glatten Teig verarbeiten. Zum Schluß die Hirse und das Roggen-Vollkornmehl unterkneten. Den Teig an einem warmen Ort zugedeckt gehen lassen, bis er sich sichtbar vergrößert hat. Noch einmal gut durchkneten und aus dem Teig etwa 16 bis 20 Brötchen formen, auf ein mit Backtrennpapier ausgelegtes Backblech legen. Nochmals kurz gehen lassen. Eigelb mit etwas Wasser verschlagen und die Brötchen damit bestreichen. In den vorgeheizten Backofen schieben, bei 200 Grad 30 Minuten backen.
Für 6 Personen
Gesamtbackzeit:
ca. 30 Minuten

Bananen-Früchte-Riegel

Für die Füllung:
6 Backpflaumen
4 Feigen
1 mittelgroße Banane
3 EL Kokosraspeln
1 EL Fruchtzucker
1 EL Rumaroma
1 EL Zitronensaft
1 Prise Zimt

Für den Teig:
100 g Weizen-Vollkornmehl
80 g Vollkorn-Haferflocken
25 g Weizenkeime
$^1/_2$ TL Backpulver
1 EL Sonnenblumenkerne
1 EL Haselnüsse
1 Becher Joghurt (150 g)
90 g Fruchtzucker
5 EL Kondensmilch

Die in Wasser eingeweichten Backpflaumen und Feigen sowie die Banane kleinschneiden, mit 1 Eßlöffel Kokosraspeln, Fruchtzucker, Rumaroma, Zitronensaft und Zimt verrühren. Den Backofen auf 175 Grad vorheizen. Die Sonnenblumenkerne und die Haselnüsse ca. 10 Minuten in einer trockenen Pfanne goldgelb rösten. Vollkornmehl, Haferflocken, Weizenkeime, Backpulver, Sonnenblumenkerne und grobgehackte Haselnüsse vermischen. Joghurt mit Kondensmilch und Fruchtzucker verrühren und mit der Mehlmischung zu einem Teig verarbeiten. Das Backblech mit Backpapier auslegen, die Hälfte der Teigmasse auf 20 x 20 Zentimeter messerrückendick ausrollen und auf das Backblech legen. Die Früchtefüllung auf den Teig streichen, mit dem restlichen Teig bedecken, mit den restlichen Kokosflocken bestreuen und bei 175 Grad etwa 35 Minuten backen. Vor dem Schneiden sollte man den Riegel abkühlen lassen.
Für 5 Personen
Gesamtbackzeit:
ca. 35 Minuten
Siehe Foto

Quark-Brötchen

500 g Weizen-Vollkornmehl
2 Päckchen Trockenhefe
2 TL Zucker
1 TL Salz
400 g magerer Speisequark
2 Eigelb
2 EL Milch
150 ml warmes Wasser

Das Mehl in eine Schüssel sieben und gut mit der Trokkenhefe vermischen. Quark, Zucker, Salz und Wasser zufügen und alles mit dem Knethaken des Handrührgerätes zu einem Teig verarbeiten. (Man kann die Trockenhefe auch vorher in etwas lauwarmer Milch auflösen, bevor man sie mit den Zutaten vermengt. Trockenhefe hat den Vorteil, daß man sie bis zu einem Jahr aufbewahren kann, während man Frischhefe möglichst sofort verbrauchen sollte.) Zugedeckt an einen warmen Ort stellen und gehen lassen, bis er doppelt so hoch ist. Anschließend auf einer bemehlten Arbeitsplatte mit den Händen gut durchkneten. Mit 2 Eßlöffeln Teighäufchen abstechen und Brötchen daraus formen, die auf ein gefettetes Blech gelegt werden. An einen warmen Ort stellen und gehen lassen, bis sie doppelt so groß sind.
Eigelb mit Milch verschlagen und die Brötchen damit bestreichen. In den vorgeheizten Backofen schieben und bei 250 Grad etwa 15 Minuten backen.
Für 4 bis 6 Personen
Gesamtbackzeit: 15 Minuten
Siehe Foto rechts oben

Mischbrötchen

250 g Weizen-Vollkornmehl
250 g Roggen-Vollkornmehl
1 Päckchen Trockenhefe
1 EL Pflanzenöl
2 TL Salz
380 ml warmes Wasser
1 Eigelb
Weizenschrot, Sesamkerne, Sonnenblumenkerne

Weizen-Vollkornmehl und Roggen-Vollkornmehl in eine Schüssel geben und gut mit der Hefe mischen. Salz, Pflanzenöl und Wasser zufügen und alles mit dem Knethaken des Handrührgerätes zu einem glatten Teig verarbeiten. Zugedeckt an einen warmen Ort stellen und gehen lassen, bis er etwa doppelt so groß geworden ist. Auf eine bemehlte Arbeitsplatte legen und noch einmal mit den Händen gut durchkneten. Dann den Teig 2 bis 3 Zentimeter dick ausrollen und mit Ausstechformen kleine Figuren ausstechen. Backblech mit Backtrennpapier belegen und die Brötchen darauflegen. Alles noch einmal an einem warmen Ort gehen lassen, bis die Brötchen doppelt so groß sind. Eigelb mit etwas Wasser verschlagen und die Brötchen damit bestreichen. Mit Weizenschrot oder Sesamkörnern bestreuen und zusätzlich mit Sonnenblumenkernen verzieren. In den vorgeheizten Backofen schieben und bei 200 Grad 30 Minuten backen.
Für 6 Personen
Gesamtbackzeit:
ca. 30 Minuten
Siehe Foto links

Haselnußecken

150 g Mehl
50 g Weizen-Vollkornschrot
2 Eigelb
1 Msp Backpulver
100 g Zucker
1 Prise Salz
ungespritzte Schale von
1/2 Zitrone
80 g Margarine
1 Eigelb zum Bestreichen

Für die Füllung:
2 Eiweiß
20 g Puderzucker
100 g geriebene Haselnüsse
1 TL Rum
1/2 Riegel Kuvertüre (200 g)
1 EL gehackte Pistazien

Das Mehl auf ein Backbrett sieben, Weizen-Vollkornschrot darüber verteilen. In die Mitte eine Mulde drükken. Eigelbe, Backpulver, Zucker, Salz, Zitronenschale und die weiche Margarine in Stückchen hineingeben. Alles zusammen von außen zur Mitte zu einem Teig kneten. Zu einer Kugel formen, in Folie wickeln und 30 Minuten im Kühlschrank ruhen lassen. Auf bemehlter Arbeitsfläche den Teig zu einem Rechteck von 24 x 36 Zentimetern ausrollen. Aus dieser Platte 4 Streifen zu je 6 x 36 Zentimetern ausschneiden. Die Zutaten für die Füllung rasch zusammenarbeiten, d.h. das Eiweiß steifschlagen, Puderzukker, Haselnüsse und Rum untermischen. 2 Teigstreifen mit der Füllung bestreichen und die beiden anderen Streifen darauflegen. Mit einem scharfen Messer Dreiecke mit einer

Kantenlänge von 4 x 4 Zentimetern schneiden. Die Plätzchenränder mit etwas Eigelb bestreichen und an den 3 Seiten leicht zusammendrücken. Zum Schluß die Oberfläche mit Eigelb bestreichen. Die Plätzchen auf ein leicht gefettetes Backblech legen und im vorgeheizten Backofen bei 200 Grad 15 bis 20 Minuten backen. Die Schokolade auflösen und die erkalteten Haselnußecken an der Spitze eintauchen und mit gehackten Pistazien bestreuen. Auf ein Kuchengitter legen.
Für 8 Personen
Gesamtbackzeit:
ca. 20 Minuten
Siehe Foto Seite 54/55 unten

Sesam-Makronen

125 g Margarine
250 g brauner Zucker (Farinzucker)
1 Ei
150 g Weizen-Vollkornschrot
220 g Mehl
2-3 EL Milch
80 g Rosinen
100 g Sesamsamen
1 Msp gemahlene Muskatnuß

Margarine mit Zucker und Ei in eine Schüssel geben und mit dem Handrührgerät schaumig schlagen. Nach und nach Weizen-Vollkornschrot, Mehl und Milch einrühren. Die gewaschenen Rosinen, Sesamsamen und Muskat zum Schluß unterheben. Einen Teelöffel in kaltes Wasser tauchen und damit kleine Häufchen vom Teig abstechen. Diese auf einem Backblech im vorgeheizten Backofen bei 180 Grad 10 bis 15 Minuten backen.
Für 8 Personen
Gesamtbackzeit:
ca. 15 Minuten
Siehe Foto Seite 54/55
hinten Mitte

Nußplätzchen

200 g Mehl
1 TL Backpulver
50 g Weizen-Vollkornschrot
100 g brauner Zucker (Farinzucker)
1 Päckchen Vanillezucker
4 EL Milch
100 g Margarine
200 g gemahlene Haselnüsse
Milch zum Bestreichen
ca. 45 ganze Haselnüsse

Das Mehl mit dem Backpulver auf ein Backbrett sieben und das Weizen-Vollkornschrot darübergeben. In die Mitte eine Vertiefung drücken, den braunen Zucker, Vanillezucker, die Milch und die in Stückchen geschnittene Margarine hineingeben. Mit den Haselnüssen rasch zu einem glatten Teig kneten. Zu einer Kugel formen, in Folie wikkeln, ruhen lassen. Dann etwa 3 Zentimeter dick ausrollen und mit Förmchen ausstechen. Die Plätzchen mit Milch bestreichen, je 1 Haselnuß in die Mitte drücken und auf ein gefettetes Backblech setzen. Im Backofen bei 180 Grad 15 Minuten backen.
Für 8 Personen
Gesamtgarzeit:
ca. 15 Minuten
Siehe Foto Seite 54/55
hinten links und rechts

Sesam-Früchte-Riegel

60 g getrocknete Äpfel
60 g getrocknete Birnen
50 g getrocknete Aprikosen
80 g Feigen
4 cl Rum oder Cognac
50 g Sesamsamen
50 g grobgehackte Haselnüsse
100 g Butter oder Margarine
100 g Marzipan-Rohmasse
4 EL Honig
2 Eier
1 Prise Salz
1-2 Msp geriebene Zitronenschale
400 g Weizen-Vollkornmehl
50 g grobgehackte Walnüsse
Mehl zum Ausrollen
Fett fürs Blech
Sesam zum Bestreuen

Früchte fein würfeln und im Alkohol 30 Minuten quellen lassen. Sesam in einer Pfanne rösten, mit den Haselnüssen mischen und abkühlen lassen. Fett mit Marzipan, 2 Eßlöffeln Honig, Eiern und Gewürzen schaumig rühren, Früchte, Sesam und Haselnüsse zufügen. Mehl mit Walnüssen darunterkneten und zugedeckt 30 Minuten kühlen. 1½ Zentimeter dick ausrollen und 3 x 7 Zentimeter große Stangen ausschneiden. Einkerben und auf gefettetem Blech 20 bis 25 Minuten bei 180 Grad backen. 10 Minuten vor Backzeitende mit Honig bestreichen und mit Sesam bestreuen.
Für 4 Personen
Gesamtbackzeit:
ca. 25 Minuten
Siehe Foto Seite 57

Peanut-Ginger-Cookies (Erdnuß-Ingwer-Kekse)

125 g Erdnüsse
225 g Weizen-Vollkornmehl
100 g weiche Butter
100 g Zucker
1 Prise Salz
¼ TL gemahlener Ingwer
2 Eigelb
abgeriebene Schale
1 unbehandelten Zitrone

Die Erdnußkerne mahlen. Mit dem gesiebten Mehl, der in Flocken geschnittenen Butter, Zucker, Salz, Ingwerpulver, Eigelben und Zitronenschale in eine Schale geben und zu einem glatten Teig kneten. Den Teig zu einer Kugel formen und in Folie einschlagen, 1 Stunde kühlen. Dann zu Plätzchen in beliebiger Form verarbeiten. Auf ein ungefettetes Backblech geben und in dem auf 180 Grad vorgeheizten Backofen 15 Minuten backen.

Varianten:

Himbeerhäufchen

Mit bemehlten Händen den Teig zu jeweils walnußgroßen Kugeln formen. In die Mitte ein Loch drücken und eine frische Himbeere hineingeben. Den Teig schließen, auf das Backblech setzen und mit verquirltem Eigelb bestreichen. Mit einer Erdnuß garnieren und backen. Ganz heiß mit Puderzucker bestäuben. Statt Himbeeren kann man auch kleine Stücke von gut abgetropften Rumtopffrüchten nehmen.

Mit Orangenguß

Den Teig auf der bemehlten Arbeitsfläche 5 Millimeter dick ausrollen und zu Plätzchen in beliebiger Form ausstechen, backen und fast ganz abkühlen lassen. 150 Gramm gesiebten Puderzucker mit 2 Eßlöffeln Orangensaft und 1 Eßlöffel Orangenlikör glattrühren und mit einem Pinsel auf die Plätzchen streichen. Jedes Plätzchen mit drei sternförmig angeordneten Erdnußhälften garnieren.
Für 6 bis 8 Personen
Gesamtbackzeit: 15 Minuten
Siehe Foto Seite 59

Pflaumenkrapfen

Für den Teig:
500 g Weizen-Vollkornmehl
1 Päckchen Trockenhefe
1 Prise Salz
25 g Zucker
abgeriebene Zitronenschale
2 Eier
50 g Butterschmalz
200 ml lauwarme Milch
100 g entsteinte Dörrpflaumen
100 g gehackte Haselnußkerne
etwa 125 g Pflaumenmuß für die Füllung
1 kg Butterschmalz zum Fritieren
2 EL Puderzucker zum Bestäuben

Aus den angegebenen Zutaten einen Hefeteig kneten und bei Zimmertemperatur ruhen lassen, bis er sein Volumen verdoppelt hat. Die kleingeschnittenen Dörrpflaumen und die Haselnüsse unterkneten. Teig in 12 Stücke teilen, jedes Stück zu einem etwa 10 Zentimeter großen Kreis auseinanderdrücken. Auf jedes Stück etwa 1 Teelöffel Pflaumenmus in die Mitte geben. Teig darüber zusammendrükken. Krapfen mit der Nahtstelle nach unten auf einem bemehlten Blech 20 Minuten gehen lassen. Das Butterschmalz erhitzen. Die Krapfen portionsweise darin von jeder Seite in 3 bis 4 Minuten hellbraun ausbacken. Mit Puderzucker bestäuben.
Für 6 Personen
Gesamtgarzeit:
ca. 8 Minuten
Siehe Foto

Walnußplätzchen

50 g Hirsemehl
50 g Hafer
50 g Weizen-Vollkornmehl
50 g Dinkelmehl
50 g gemahlene Walnüsse
4 EL Milch
100 g Butter
150 g flüssiger Honig
1/2 TL Zimt
1/2 TL Vanillemark
Schlagsahne
Salz

Die gemahlenen Walnüsse in der Pfanne leicht rösten und kaltstellen. Honig und Butter mit dem Schneebesen des Handrührgerätes geschmeidig schlagen. Dann Milch, Zimt, Vanille, Salz und die 4 Mehlarten löffelweise zugeben und unterrühren. Alles mit dem Handrührgerät zu einem Teig verarbeiten, der über Nacht abgedeckt im Kühlschrank ruhen muß. Den

Teig auf einer bemehlten Platte ausrollen und etwa 4 Zentimeter große Quadrate ausradeln, mit Schlagsahne bestreichen und auf ein mit Backtrennpapier ausgelegtes Backblech legen. In den vorgeheizten Backofen schieben und bei 180 Grad 18 Minuten backen.
Für 6 bis 8 Personen
Gesamtbackzeit: 18 Minuten

Ceylonesischer Liebeskuchen

200 g Cashew-Kerne
175 g ungeschälte Mandeln
6 Eier
200 g Zucker
200 g Puderzucker
Saft und Schale einer unbehandelten Zitrone
2 EL Rosenwasser
1/2 TL gemahlener Koriander
je 1 kräftige Prise Zimt und Nelkenpulver
1 Prise Salz
250 g Weichweizen-Grieß
125 g Rosinen
1 gestrichener TL Backpulver

Für den Guß:
250 g Puderzucker
3 EL Orangensaft
einige Tropfen Rumaroma

Cashew-Kerne und Mandeln im Mixer (oder in der Mandelmühle) pürieren. Eier trennen. Eigelb mit Zucker und Puderzucker dickschaumig aufschlagen. Cashew-Kerne, Mandeln, Zitronensaft und -schale, Rosenwasser und die Gewürze zufügen. Eiweiß mit dem Salz zu ganz steifem Schnee schlagen und abwechselnd mit dem Grieß locker und gleichmäßig unter den Teig heben. Zum Schluß die Rosinen und das Backpulver zufügen. Backblech mit Backtrennpapier belegen und das offene Ende mit einem gefalzten Streifen Alufolie „schließen". Den Teig auf das Blech streichen und im Backofen bei 180 Grad etwa 40 Minuten backen. Kuchen auf dem Blech lassen und sofort glasieren. Dafür den gesiebten Puderzucker mit Orangensaft und Rumaroma glattrühren, auf den Kuchen streichen. Den glasierten Kuchen sofort mit Rosinen verzieren. Den Kuchen noch warm in Rechtecke oder Rhomben schneiden und vor dem Servieren ganz abkühlen lassen.
Für 6 bis 8 Personen
Gesamtbackzeit:
ca. 40 Minuten
Siehe Foto

Pikante Weizenschnitten

250 g Weizen
1 Stange Lauch
5 EL feingehackte Kräuter
1 Knoblauchzehe
2 Eier
50 g Sesam
100 g geriebener Käse
1/2 l Brühe
Pfeffer, Salz
Paprikapulver
2 EL Öl

Der Weizen wird grob geschrotet, der Lauch geputzt und in dünne Ringe geschnitten. Zusammen in die Brühe

geben, kurz aufkochen lassen und bei milder Hitze etwa 20 Minuten köcheln lassen. Die Küchenkräuter unterheben und mit der zerquetschten Knoblauchzehe und Gewürzen abschmecken. Den Teig etwa fingerdick auf einem angefeuchteten Brett ausstreichen und abkühlen lassen. Die Eier mit Pfeffer, Salz und Paprika verquirlen. Den Teig in längliche Rechtecke schneiden und erst im verquirlten Ei, dann in Sesam wenden. Anschließend in heißem Fett goldbraun ausbacken. Die Scheiben mit Käse bestreuen, in den heißen Backofen schieben und warten, bis der Käse geschmolzen ist. Noch warm servieren.
Für 4 Personen
Gesamtbackzeit:
ca. 30 Minuten

Mandel-Sesam-Plätzchen

100 g gestiftelte Mandeln
50 g Sesamsamen
75 g Honig
1/2 TL Vanillezucker
20 g Butter

Die Butter zusammen mit den Sesamsamen in einer Pfanne erhitzen und dann langsam die gestiftelten Mandeln hinzufügen. Alles rösten, bis Sesam und Mandeln beginnen braun zu werden. Den flüssigen Honig und dann Vanillezukker zugeben und unter ständigem Rühren kurz mitrösten, bis die Masse zähflüssig ist. Ein Backblech mit Backtrennpapier auslegen und mit 2 Teelöffeln kleine Häufchen abstechen, die auf das Blech gesetzt werden. Die Häufchen eventuell etwas zusammendrücken und trocknen lassen. Die Mandel-Sesam-Plätzchen werden nicht gebacken, sondern müssen nur sehr gut durchgetrocknet sein.
Die Plätzchen gut auskühlen lassen, bevor sie gegessen werden.
Für 6 Personen

Scharfe Blätter

3 Scheiben tiefgefrorener Vollkorn-Blätterteig
2 Knoblauchzehen
10 g grobes Salz
20 g Paprikapulver, rosenscharf
1 TL Pfeffer
Mehl zum Ausrollen
1 Eigelb zum Bestreichen

Blätterteig auftauen lassen. Knoblauchzehen schälen, fein hacken und mit grobem Salz, Paprika und Pfeffer mischen. Aufgetaute Teigscheiben mit dazwischengestreuter Knoblauch-Gewürzmischung übereinanderliegend zu einer dünnen Platte ausrollen. Karomuster eindrücken und in kleine Rechtecke schneiden. Diese auf ein Backblech legen, mit Eigelb bestreichen und mit grobem Salz bestreuen. 15 Minuten ruhen lassen. Auf der mittleren Schiene des vorgeheizten Backofens 8 bis 9 Minuten bei 220 Grad bakken.
Für 8 bis 10 Personen
Gesamtbackzeit:
ca. 9 Minuten
Siehe Foto

Vollkorn-Rührkuchen mit Apfel

250 g Vollkorn-Rührkuchen (als Backmischung)
50 g Butter oder Margarine
2 Eier
2-3 EL Wasser
5 geschälte Äpfel oder 500 g anderes Obst
Obst zum Garnieren (Pflaumen und Kirschen)

Zutaten — ohne Obst — mit Rührgerät oder Rührbesen cremig verrühren. Den Teig auf dem Boden einer eingefetteten Springform gleichmäßig verteilen. Die Äpfel werden geachtelt und in den Teig gedrückt. Das Obst zum Garnieren im ganzen um die Äpfel dekorieren. Kuchen auf der untersten Schiene ca. 50 bis 60 Minuten bei 175 Grad backen.
Für 8 Personen
Gesamtbackzeit:
ca. 60 Minuten
Siehe Foto

Rührkuchen

250 g weiche Butter
4 Eier
250 g flüssiger Honig
300 g Weizen-Vollkornmehl
$1^1/_2$ TL Backpulver
abgeriebene Schale einer unbehandelten Zitrone

Die Butter mit dem Handrührgerät geschmeidig rühren und langsam den Honig zugeben. Weiterrühren, bis das Ganze eine gebundene Masse geworden ist. Nun ganz lang-

sam die Eier unterrühren. Schließlich die Zitronenschale zugeben. Das Weizen-Vollkornmehl mit dem Backpulver vermischen und langsam in die Masse hineinrieseln lassen und unterrühren. Eine Kastenform mit Backtrennpapier auslegen und den Teig hineinfüllen. Die Form auf den Rost des vorgeheizten Backofens schieben und bei 175 Grad ca. 50 Minuten backen.
Für 4 bis 6 Personen
Gesamtbackzeit:
ca. 50 Minuten

Gedeckter Bananenkuchen

150 g weiche Butter
150 g Bienenhonig
abgeriebene Schale einer Zitrone
je 1/4 TL gemahlener Ingwer, Zimt, Nelken und Muskat
3 Eigelb
250 g Weizen-Vollkornschrot (Type 1700)
1 TL Backpulver
3 Eiweiß
50 g geschälte gehackte Mandeln
4 mittelgroße Bananen
Saft von 1 großen Zitrone (50 ml)

Butter und Bienenhonig mit dem Schneebesen des Handrührgerätes auf höchster Stufe schaumig rühren. Zitronenschale, Gewürze und Eigelbe hinzufügen, weiter rühren. Das Handrührgerät auf Stufe 2 schalten und nach und nach Mehl und Backpulver darunterarbeiten. Eiweiß zu sehr steifem Schnee schlagen und unterheben. Den Boden einer Springform (Durchmesser 26 cm) mit Backpapier auslegen, die Hälfte des Teiges einfüllen, glattstreichen und im vorgeheizten Backofen bei 180 Grad ca. 25 bis 30 Minuten backen. Mandeln ohne Fett unter ständigem Bewegen goldbraun rösten, auf einem Stück Aluminiumfolie abkühlen lassen. Bananen schälen, in Scheibchen schneiden, Zitronensaft darüberträufeln, Mandeln unterheben. Den vorgebackenen Teigboden aus dem Backofen nehmen, Bananen-Mandel-Mischung darauf verteilen, den restlichen Teig darüberstreichen und in weiteren 25 bis 30 Minuten den Kuchen goldbraun backen. Herausnehmen, die Springform öffnen und den gedeckten Bananenkuchen samt Backpapier auf eine Platte ziehen. Dazu nach Wunsch Schlagsahne, Crème fraîche oder Vanillesauce reichen.
Für 6 bis 8 Personen
Gesamtbackzeit:
ca. 60 Minuten
Siehe Foto

Nußtorte

140 g Weizen-Vollkornmehl
100 g Butter oder Margarine
140 g gemahlene Haselnüsse
10 Eier
260 g Zucker
2 Teelöffel Zimt

Eier trennen, Eiweiß zu Schnee schlagen und etwa die Hälfte Zucker zum Schluß mitschlagen. Eidotter mit dem restlichen Zucker und der zerlassenen Butter schaumig rüh-

ren. Beide Massen vorsichtig zusammengeben. Das Mehl, die Nüsse und den Zimt leicht darunterheben. Springform mit Backpapier auslegen. Teig einfüllen und bei Mittelhitze ca. 40 Minuten backen.
Für 8 Personen
Gesamtbackzeit: 40 Minuten
Siehe Foto

Englischer Kuchen

125 g Weizen-Vollkornmehl
125 g Weizenmehl (Type 1050)
200 g Butter oder Margarine
200 g Zucker
5 Eier
1 Päckchen Vanillezucker
100 g Korinthen
100 g Sultaninen
100 g grobgehackte Mandeln
2-3 EL Rum
1 Päckchen Backpulver
1-4 EL Rahm oder Kondensmilch
Puderzucker
abgeriebene Zitronenschale

Gewaschene Korinthen, Sultaninen, gehackte Mandeln in dem Rum ausquellen lassen. In der Zwischenzeit das Fett mit dem Zucker schaumig rühren, Eigelb nach und nach dazurühren, ebenso Vanillezucker und abgeriebene Zitronenschale. Nach und nach das mit dem Backpulver gemischte Mehl dazurühren und soviel Sahne hinzugeben, daß der Teig reißend vom Löffel fällt. Jetzt die Früchtemischung schnell unter den Teig rühren. Dem Eiweiß vor dem Schlagen eine Prise Salz zusetzen. So läßt es sich schneller steif schlagen. Gleich danach den Eischnee vorsichtig unterheben. Eine Kastenform einfetten. Teig einfüllen und in den vorgeheizten Ofen stellen. Anfangs bei guter Hitze, nach 15 Minuten bei Mittelhitze 50 bis 60 Minuten ausbacken. Den erkalteten Kuchen dick mit Puderzucker bestäuben.
Für 6 bis 8 Personen
Gesamtgarzeit: ca. 60 Minuten
Siehe Foto

Vollkorn-Butterkuchen

400 g Weizen-Vollkornmehl
200 g Wasser
40 g Hefe
80 g Butter
80 g Zucker oder 90 g Honig
2 Eier
eine gute Prise Salz
1 Msp Backpulver
Butter und Zucker zum Bestreuen

Von der angegebenen Mehlmenge 200 Gramm mit dem warmen Wasser und der Hefe zu einem weichen Vorteig anrühren. Ca. 30 Minuten an einem warmen Ort gehen lassen. Das Backpulver unter das restliche Mehl mischen, mit allen anderen Zutaten zum Vorteig geben und gründlich durcharbeiten. Den Teig weitere 15 Minuten an einem warmen Ort gehen lassen. Danach auf bemehlter Arbeitsplatte auf die Größe des Backblechs ausrollen, auf das Blech legen und mit Wasser einpinseln. Nochmals 10 Minuten

gehen lassen. Kleine Vertiefungen in den Kuchen drükken und diese mit Butterstückchen ausfüllen. Den Teig mit Zucker bestreuen und gehen lassen, bis er sich deutlich angehoben hat. Im vorgeheizten Backofen bei 230 Grad ca. 10 Minuten backen.
Für 6 bis 8 Personen
Gesamtbackzeit:
ca. 10 Minuten

Pistazien-Schokoladen-kuchen

300 g Weizenmehl
(Type 1050)
150 g Butter oder Margarine
150 g Zucker
1 Prise Salz
ausgeschabtes Mark einer Vanilleschote
6 Eier
2 TL Backpulver
2 cl Vanillelikör oder Mandellikör
60 g grob gehackte Pistazien
40 g gewürfeltes Orangeat
40 g gewürfeltes Zitronat
Mehl zum Bestäuben
50 g Zartbitterschokolade
Fett und Semmelbrösel für die Form

Für die Verzierung:
150 g Zartbitter-Schokolade
20-30 g gehackte Pistazien

Fett mit Zucker, Salz, Vanillemark und Eiern schaumig rühren. Mehl mit Backpulver mischen und mit dem Likör unterrühren. Mandeln, Pistazien, Orangeat und Zitronat mit etwas Mehl bestäuben und mit der zerbröckelten Schokolade unter den Teig heben. In einer gefetteten, ausgestreuten Kastenform von 30 Zentimetern Länge etwa 50 Minuten im 180 Grad heißen Ofen backen. Auskühlen lassen.
Mit der geschmolzenen, leicht abgekühlten Schokolade und den Pistazien bestreuen.
Für 6 Personen
Gesamtbackzeit: 50 Minuten
Siehe Foto

Hirse-Guglhupf

200 g feingemahlene Hirse
100 g geschroteter Weizen
1 Päckchen Backpulver
5 EL Milch
150 g gehackte Haselnüsse
500 g Birnen
50 g Kakao
250 g Butter
250 g flüssiger Honig
4 Eier
Semmelmehl, Salz

Die Butter mit dem Schneebesen des Handrührgerätes geschmeidig rühren und den Honig untermengen. Danach Eier und Salz hinzugeben. Hirse und Weizen eßlöffelweise unterheben. Dann Backpulver, Milch, Kakao und Haselnußkerne zugeben und vermischen. Die Birnen schälen, vierteln, entkernen und in kleine Würfel schneiden. Vorsichtig in den Teig einarbeiten. In eine gefettete Napfkuchenform füllen und im vorgeheizten Backofen bei 180 Grad 60 bis 70 Minuten fertigbakken.
Für 4 Personen
Gesamtbackzeit:
ca. 70 Minuten

Käsekuchen mit Rosinen

Für den Teig:
230 g Grahammehl
80 g weiche Butter
80 g Honig
1 Ei
Schale von 1/2 unbehandelten Zitrone
1 Prise Salz
1 Prise Zimt
1 kg Bohnen oder Linsen

Für die Quarkfüllung:
500 g Schichtkäse
160 g Zucker
4 Eier
Schale von 1 unbehandelten Zitrone
1 Msp Salz
100 g Butter
60 g Mehl
80 g Rosinen in 2 cl Kirschwasser eingeweicht
Puderzucker zum Bestäuben

Das Grahammehl auf eine Arbeitsfläche häufen und in die Mitte die weiche Butter in Stücken, Honig, Ei und Gewürze geben. Mit bemehlten Händen rasch zusammenarbeiten, zu einer Kugel formen und in Folie einschlagen. Im Kühlschrank 2 bis 3 Stunden ziehen lassen. In der Zwischenzeit die Quarkfüllung bereiten. Den Schichtkäse durch ein Sieb streichen und in eine Schüssel geben. Die Hälfte des Zuckers, Eigelb, Zitronenschale und Salz mit einem Schneebesen unterrühren. Die Quark-Eimasse schaumig rühren. Die Butter erhitzen, dabei den sich bildenden Schaum abschöpfen und dann wieder abkühlen lassen, bis sie lauwarm ist. Die warme Butter mit dem Schneebesen unter die Quarkmasse rühren. Das Mehl hineinsieben und nochmals gut durchrühren. Die eingeweichten Rosinen zur Quarkmasse geben, unterheben. Den Teig nach der Kühlzeit auf bemehlter Arbeitsfläche zu einer Platte von ca. 33 Zentimetern Durchmesser ausrollen. Mit dem Teig eine leicht gefettete Kuchenform von 26 Zentimetern Durchmesser auslegen, den Rand sorgfältig andrücken. Überstehende Reste abschneiden. Den Boden mit einer Nadel mehrmals einstechen. Ein Stück Pergament in der Größe der Form ausschneiden und auf den Teig legen. Mit 1 Kilo Bohnen oder Linsen ausfüllen und bei 190 Grad 10 Minuten blind backen. Danach die Bohnen ausschütten und das Papier entfernen. Das Eiweiß steifschlagen, nach und nach die zweite Hälfte des Zuckers einrieseln lassen. Zuerst etwa 1/4 des Schnees unter die Quarkmasse rühren, dann den Rest vorsichtig unterheben, damit die Masse möglichst wenig an Volumen verliert. Die Käsemasse in den vorgebackenen Boden füllen und die Oberfläche glattstreichen.
Im vorgeheizten Backofen auf der mittleren Einschubleiste bei 150 bis 160 Grad 55 Minuten backen.
Für 6 bis 8 Personen
Gesamtbackzeit:
ca. 70 Minuten
Siehe Foto

Pflaumen-Gitterkuchen

300 g Weizen-Vollkornmehl (Type 1050)
200 g Roggen-Vollkornmehl (Type 997)
180 g Zucker
1/2 TL gemahlener Zimt
je 1 Prise gemahlene Nelken
Salz
1 Ei
150 g saure Sahne
250 g Butter

Für den Belag:
etwa 1,3 kg vollreife Pflaumen
etwa 150 g abgezogene Mandeln
Fett und Semmelbrösel für das Blech
Mehl zum Ausrollen
1 Eigelb
2 EL Milch
Hagelzucker zum Bestreuen

Aus beiden Mehlsorten, Zucker, Zimt, Nelken, Salz, Ei, saurer Sahne und Fett wie gewohnt einen Mürbeteig kneten und zugedeckt mindestens 30 Minuten kühlen. Pflaumen waschen, abtrocknen, halbieren und entsteinen. 3/4 des Teiges auf dem gefetteten, mit Semmelbröseln bestreuten Blech ausrollen und dicht mit Pflaumenhälften und je einer Mandel belegen. Den restlichen Teig auf bemehlter Fläche 3 Millimeter dick ausrollen, in 1 Zentimeter breite Streifen schneiden und diese gitterartig auf den Kuchen legen. Eigelb mit Milch verquirlen, das Gitter damit bestreichen und mit Hagelzucker bestreuen. 30 bis 35 Minuten im 220 Grad heißen Ofen backen.
Für 5 bis 6 Personen
Gesamtbackzeit: ca. 35 Minuten
Siehe Foto

Aprikosenkuchen

200 g Dinkelmehl
1 TL Backpulver
150 g Butter
100 g Ahornsirup
4 Eigelb
Schale einer unbehandelten Zitrone
1 TL Zitronensaft
4 Eiweiß
750 g Aprikosen
3 EL Aprikosenkonfitüre
Birnensaft

Die Butter mit dem Rührbesen des Handrührgerätes geschmeidig rühren und nach und nach Ahornsirup und geriebene Zitronenschale unterrühren, bis eine gebundene Masse entstanden ist. Danach das Eigelb unterrühren und alles mit dem Dinkelmehl und Backpulver sowie Zitronensaft vermischen. Das Eiweiß steifschlagen und unter den Teig heben. Den Teig in eine gut gefettete Springform geben und glattstreichen. Die Aprikosen halbieren, entsteinen und auf dem Teig verteilen. Den Kuchen im vorgeheizten Backofen bei 180 Grad 40 bis 45 Minuten backen. Aprikosenkonfitüre mit Birnensaft mischen und den Kuchen sofort nach dem Backen gleichmäßig damit bestreichen.
Für 6 Personen
Gesamtbackzeit: 45 Minuten

Möhren-Apfel-Torte

100 g Mandeln
250 g Möhren
250 g Boskop-Äpfel
Saft und Schale einer halben unbehandelten Zitrone
100 g Butterschmalz
120 g Zucker
1 Päckchen Vanillinzucker
1 Prise Salz
3 EL Sahne oder Milch
4 Eigelb
200 g Mehl
50 g Speisestärke
2 TL Backpulver
4 Eiweiß
Fett für die Form

Zum Verzieren:
100 g Aprikosenkonfitüre
40 g geröstete Mandelblättchen
2 EL Puderzucker
25 g gehackte Pistazien

Die Mandeln in kochendes Wasser geben, nach 2 Minuten in ein Sieb abgießen und häuten. 15 Mandeln beiseite legen, den Rest grobhacken und in einer Pfanne goldbraun rösten.
Die Möhren und die Äpfel schälen und grobraspeln. Sofort mit dem Zitronensaft und der abgeriebenen Zitronenschale vermengen. Das Butterschmalz mit Zucker, Vanillinzucker, Salz, Sahne und den Eigelbe kräftig verquirlen, bis sich der Zucker gelöst hat. Das Mehl mit der Stärke und dem Backpulver mischen, die Möhren-Apfel-Mischung und gehackte Mandeln untermengen. Die Eiweiß zu steifem Schnee schlagen, unter den Teig heben. In eine gefettete Springform (24 cm Durchmesser) geben, bei 200 Grad 45 bis 50 Minuten backen. Auf einem Kuchengitter abkühlen lassen. Die Aprikosenkonfitüre in einem Topf zerlassen, den Rand der Torte damit bestreichen. Die gerösteten Mandelblättchen andrücken. Die restliche Konfitüre auf die Torte streichen, trocknen lassen. Die Torte leicht mit dem Puderzucker bestäuben. Für die Dekoration 12 kleine Häufchen aus gehackten Pistazien als Kranz auf die Torte setzen, je eine Mandel hineinlegen. In der Tortenmitte ein Nest aus gehackten Pistazien und den restlichen drei Mandeln legen.
Für 6 bis 8 Personen
Gesamtbackzeit:
ca. 50 Minuten
Siehe Foto

Weintraubenkuchen

400 g blaue Weintrauben
350 g Vollkornzwiebackbrösel
200 g Butter
125 g flüssiger Honig
5 EL Ahornsirup
1/4 l Schlagsahne
Vanillezucker

Die Weintrauben waschen, auf Küchenkrepp abtropfen lassen, in eine Schüssel geben. Ahornsirup darüberträufeln und durchziehen lassen. Die Zwiebackbrösel in eine Schüssel geben und Honig sowie die weiche Butter zugeben. Alles mit dem Knethaken

des Handrührgerätes zu Teig verkneten. Den Boden einer Kastenform mit Backpapier auslegen und ein Drittel des Teiges hineingeben und fest andrücken. Darauf kommt die Hälfte der Weintrauben, darüber ein weiteres Drittel der Zwiebackmasse, dann die restlichen Weintrauben, die schließlich mit der restlichen Zwiebackmasse abgedeckt werden. 24 Stunden im Kühlschrank lassen. Sahne mit Vanillezucker steif schlagen und zum Kuchen servieren.
Für 4 Personen

Quittenkuchen

400 g Weizen-Vollkornmehl
300 g Butter
400 g Honig
2 Eigelb
Eiswasser
2,5 kg Quitten
2 EL Cognac
1 TL Salz

Mehl auf eine Arbeitsplatte geben. In die Mitte eine Mulde drücken. Gekühlte Butter in Flocken schneiden und 1 Eßlöffel Honig auf dem Mehlrand verteilen. Eigelb und 4 Eßlöffel Eiswasser in die Mulde geben. Die Zutaten von der Mitte her schnell zu einem Teig verkneten, der zugedeckt etwa 30 Minuten kühlgestellt wird. Unterdessen die Quitten mit einem Tuch abreiben, waschen und schälen, danach vierteln und die Kerngehäuse herausschneiden. Schale und Kerngehäuse in 1½ Liter Wasser etwa 15 Minuten auskochen und durchsieben. Die Flüssigkeit auffangen und mit dem Honig kurz aufkochen lassen.
In dieser Flüssigkeit werden die Quittenscheiben portionsweise pochiert und in einer Schüssel aufgehoben. Den Teig grob zerteilen und auf einer bemehlten Arbeitsfläche ausrollen, so daß er in eine Tarteform paßt (etwa 32 cm Durchmesser). Den Teig in die Form legen und den Rand fest andrücken. Den Boden mehrfach mit einer Gabel anstechen. Dann werden die Quittenspalten kreisförmig von außen nach innen auf den Teigboden gelegt. Bei 200 Grad auf der mittleren Einschubleiste ca. 45 Minuten backen. Unterdessen den Quittensaft auf die Hälfte einkochen, mit Cognac verrühren und abkühlen lassen. Den Kuchen in der Form abkühlen lassen und mit dem Saft, der zu gelieren beginnt, die Oberfläche bestreichen.
Für 6 Personen
Gesamtbackzeit:
ca. 50 Minuten

Vollkorn-Rodonkuchen

500 g Vollkorn-Rührkuchen (als Backmischung)
100 g Butter oder Margarine
3 Eier
100 ml Wasser (7-8 EL)
150 g Nüsse (Mandeln, Hasel-, Erd- oder Walnüsse, je nach Geschmack ganz oder zerkleinert)
oder 200 g Trockenfrüchte (Rosinen, Zitronat oder Orangeat)

Eine Mischung der Trockenfrüchte schmeckt sehr gut.
Zutaten verrühren (außer Nüssen und Trockenfrüchten) und mit dem Rührgerät auf höchster Stufe 3 Minuten zu einem glatten Teig verrühren. Zum Schluß dann die Nüsse und Trockenfrüchte zufügen. Den Teig in eine gefettete Rodonform füllen und im Backofen ca. 60 Minuten backen.
Für 6 bis 8 Personen
Gesamtgarzeit: 60 Minuten
Siehe Foto Seite 81

Quarksahnetorte mit Rosinen und Trauben

Für den Teig:
4 Eiweiß
2 EL Wasser
90 g Zuckerrohrgranulat
4 Eigelb
160 g Weizen-Vollkornmehl
1 TL Backpulver
Für die Füllung:
2 TL Agar-Agar (10 g)
1/8 l Milch
1 kg Magerquark
100 g Zuckerrohrgranulat
Schale und Saft von
1/2 unbehandelten Zitrone
1/2 TL gemahlene Naturvanille
500 ml Sahne
150 g ungeschwefelte Rosinen
250 g kleine weiße Weintrauben
Zum Verzieren:
50 g Rosinen
150 g weiße Weintrauben

Für den Teig das Eiweiß mit dem Wasser steif schlagen. Das Zuckerrohrgranulat unter ständigem Schlagen dazugeben. Das Eigelb nach und nach unterrühren. Das Mehl und das Backpulver mischen und unterziehen. Eine Springform (26 cm Durchmesser) mit Backpapier auslegen. Den Teig einfüllen und bei 180 Grad 45 Minuten backen. Erkalten lassen und quer halbieren. Für die Füllung das Agar-Agar mit 3 Eßlöffeln Milch glattrühren. Die restliche Milch aufkochen, das Agar-Agar darin unter ständigem Rühren 1 Minute kochen lassen. Mit dem Quark, dem Zuckerrohrgranulat, der Zitronenschale, dem Zitronensaft und der Vanille mischen. Die Sahne steifschlagen und unterziehen. 1/3 der Quarksahne zum Überziehen der Torte abnehmen. Die restliche Creme mit den Rosinen und Trauben mischen. Den unteren Tortenboden auf eine Platte legen und mit dem Springformrand umschließen. Die Quarksahne einfüllen, den zweiten Boden darauflegen und die Torte 10 Minuten kühl stellen. Ein Messer in kaltes Wasser tauchen und zwischen Springformrand und Torte entlangführen. Den Rand vorsichtig abnehmen. Die Torte mit der restlichen Creme überziehen und mit den Rosinen und Weintrauben verzieren. Vor dem Anschneiden mindestens 3 Stunden kühl stellen.
Für 6 Personen
Gesamtbackzeit: 45 Minuten
Siehe Foto

Julies kerniger Apfelkuchen

Für den Teig:
200 g Dinkel
3 EL Sucanat
2 Msp Zimt
80 g kalte Butter
1 Ei

Für die Füllung:
60 g Sonnenblumenkerne
Fett für die Form
500 g mürbe, säuerliche Äpfel
1 EL Zitronensaft
2 Eiweiß
2 Eigelb
2 EL Honig
abgeriebene Schale von 1/2 Zitrone
10 g Butter
2 Msp gemahlene Vanille
100 ml Sahne
1 Prise Salz
3 Msp Zimt

Den Dinkel feinmahlen, 2 gestrichene Eßlöffel Mehl von der obersten Schicht abnehmen und für den Guß beiseite stellen. Das Mehl, das Sucanat und den Zimt mischen. Die Butter in Flöckchen darüber verteilen. Mit dem Knethaken der Küchenmaschine gleichmäßig verkrümeln. Das Ei dazugeben und zu einem glatten Teig verkneten, zugedeckt 30 bis 60 Minuten kaltstellen.

Die Sonnenblumenkerne in einer trockenen Pfanne unter Wenden leicht rösten. Die Springform einfetten, mit ausgerolltem Teig auslegen und einen Rand von 2 1/2 Zentimetern hochziehen. Den Teigboden mehrmals mit einer Gabel einstechen und unten im Backofen bei 200 Grad 15 bis 20 Minuten vorbacken. Inzwischen die Äpfel schälen, vierteln, entkernen und in dünne Schnitze schneiden. Den Boden kreisförmig dicht mit den Äpfeln belegen. Die Äpfel mit Zitronensaft beträufeln. Den Kuchen 10 bis 12 Minuten bei 200 Grad backen.

Das Eiweiß steifschlagen, 1 Eßlöffel Honig langsam hineinlaufen lassen und zu einer festen Schaummasse schlagen. Die Eigelbe unterrühren. Das zurückbehaltene Mehl darüberstäuben, die Zitronenschale darüberreiben. Alle Zutaten vorsichtig mischen, und die Schaummasse über den Äpfeln verteilen. Den Kuchen bei 200 Grad noch etwa 15 Minuten backen, bis die Oberfläche hellbraun ist.

Den restlichen Honig in einer Pfanne zerlassen und die Sonnenblumenkerne darin wenden. Die Butter und das Vanillepulver unterrühren. Die Sonnenblumenkerne auf dem Kuchen verteilen und für 3 Minuten in den ausgeschalteten Backofen stellen.

Die Apfeltorte auf einem Kuchengitter 2 bis 3 Minuten abkühlen lassen, dann den Springformrand entfernen. Die Sahne mit etwas Salz und dem Zimt steifschlagen und den Kuchen mit Sahnetupfern garnieren.

Für 6 bis 8 Personen
Gesamtbackzeit:
ca. 50 Minuten
Siehe Foto

Bunter Gemüseauflauf mit Maisgrieß und Bananen

500 g verschiedenes Gemüse (Möhren, Lauch, Blumenkohl, Kohlrabi, Zucchini)
3/4 l Fleischbrühe (Instant)
1 Dose geschälte Tomaten (Abtropfgewicht 210 g)
2 Becher Crème fraîche mit Kräutern (à 125 g)
200 g Maisgrieß (Kukuruz)
1 Bund Petersilie
2 mittelgroße Bananen
frischgepreßter Zitronensaft
3 Eier
3 EL heißes Wasser
200 g Doppelrahmfrischkäse mit Kräutern
50 g Sonnenblumenkerne
Salz, Pfeffer
Fett zum Ausstreichen der Form
2 EL Semmelbrösel
20 g Butterflöckchen

Gemüse waschen und putzen, Möhren in dünne Scheiben und Stifte, Lauch in breitere Ringe, Blumenkohl in kleine Röschen, Kohlrabi in Würfel, Zucchini in Scheibchen schneiden. Fleischbrühe zum Kochen bringen, Gemüse darin sortenweise nacheinander „auf Biß" garen, mit dem Schaumlöffel herausheben, kalt überbrausen, abtropfen lassen, locker mischen. Tomaten auf einem Sieb abtropfen lassen, Saft auffangen. 1 Becher Crème fraîche mit Kräutern darunterrühren, zusammen mit den Tomaten zu dem

Gemüse geben. 1/2 Liter der verbliebenen Fleischbrühe abmessen (nach Bedarf mit Wasser auffüllen), zum Kochen bringen, Maisgrieß unter Rühren einstreuen, kräftig aufkochen, zur Seite ziehen, in 15 Minuten ausquellen, etwas abkühlen lassen. Petersilie waschen, trockenschwenken, grobhacken. Bananen in Scheiben schneiden, mit Zitronensaft beträufeln. Eier trennen. Eigelb mit Wasser schaumig schlagen, Doppelrahmfrischkäse, Crème fraîche und Petersilie darunterrühren, Bananenscheiben unterheben. Eine Auflaufform fetten, die Hälfte der Maisgrießmasse gleichmäßig verteilen, 1 Eßlöffel Semmelbrösel darüberstreuen. Gemüse samt Tomaten und Sauce daraufgeben, mit der übriggebliebenen Maisgrießmasse abschließen. Restliche Semmelbrösel daraufstreuen und mit Butterflöckchen belegen. Den Auflauf im vorgeheizten Backofen bei 220 Grad 60 bis 70 Minuten backen.
Für 4 Personen
Gesamtbackzeit:
ca. 70 Minuten
Siehe Foto Seite 86/87

Minipizzas

1 Packung Vollkorn-Blätterteig
2 kleine Zucchini (190 g)
100 g Champignons
2 kleine Zwiebeln
200 g Tomaten
1 Eigelb zum Bestreichen
Salz, Pfeffer, Thymian, Oregano, Salbei
80 g geriebener Käse

Blätterteig auftauen lassen. Für den Belag Zucchini und Champignons in Scheiben, Zwiebeln in dünne Ringe schneiden. Tomaten ebenfalls in Scheiben schneiden. Aufgetaute Teigplatten halbieren, auf ein Backblech legen und mit Eigelb bestreichen. Gemüse und Tomatenscheiben gleichmäßig darauf verteilen. Mit Gewürzen und Käse bestreuen. In der Mitte des vorgeheizten Backofens bei 220 Grad 12 bis 15 Minuten backen.
Für 5 Personen
Gesamtbackzeit:
ca. 15 Minuten
Siehe Foto

Aprikosen-Hirse-Flöckli-Auflauf

1 l Milch
1/2 TL Salz
250 g Hirse-Flöckli
60-75 g Margarine
80 g Zucker
abgeriebene Schale von 1/4 Zitrone
30 g Nüsse oder Mandeln
2-3 Eigelb
2-3 Eiweiß
250 g getrocknete Aprikosen
1/2 l Wasser
3 EL Zucker
1 geriebene Semmel
Butterflöckchen

Die Milch mit dem Salz zum Kochen bringen, Hirse zugeben, 5 Minuten kochen und dann ausquellen lassen. Butter, Eigelb und Gewürze schaumigrühren, dann den abgekühlten Brei löffelweise hinzugeben, Eiweiß steif-

schlagen und den Eischnee unterheben. Die am Tage vorher eingeweichten gesüßten Aprikosen schichtweise auf den Teig legen oder kleingeschnitten mit dem Teig vermengen. In die ausgefettete Auflaufform geben, mit geriebener Semmel bestreuen und Butterflöckchen aufsetzen. Den Auflauf bei mittlerer Hitze 60 Minuten im heißen Ofen backen und noch heiß servieren.
Für 3 bis 4 Personen
Gesamtbackzeit: 60 Minuten

Quarkauflauf mit Hirse-Flöckli

250 g Speisequark
60 g Zucker
50 g Hirse-Flöckli
1 EL Sojamehl
1/8 l Pfirsichsaft
1-2 Eier, getrennt
1/2 Dose Pfirsiche oder Aprikosen bzw. eine entsprechende Menge Frischobst
Zwieback

Quark, Zucker, Sojamehl und Eigelb mit Pfirsichsaft oder auch Milch mischen und gut durchschlagen. Die Hirse-Flöckli und das geschnittene Obst dazugeben. Eiweiß steifschlagen und den Eischnee unterziehen. Eine Auflaufform fetten, mit Zwieback auslegen und die Auflaufmasse einfüllen. Im vorgeheizten Backofen 20 bis 30 Minuten backen.
Für 3 bis 4 Personen
Gesamtbackzeit:
ca. 30 Minuten

Bananen-Apfelauflauf mit Nuß-Streuseln

100 g Dinkel
50 g Maisgrieß grob (Kukuruz)
80 g Haselnüsse
1 TL gemahlene Vanille
fein geriebene Schale einer großen Zitrone (unbehandelt)
80 g flüssige Butter
1 EL Blütenhonig
400 g säuerliche Äpfel (z.B. Boskop oder Granny Smith)
4 mittelgroße Bananen

Dinkel und Maisgrieß fein mahlen. 60 Gramm Nüsse mit dem Mixstab des Handrührgerätes mittelfein hacken. Vanillepulver und Zitronenschale dazugeben und alles mischen. Flüssige Butter und Honig langsam darüberträufeln, dabei gleichzeitig mit den Knethaken der Küchenmaschine alles zu einer krümeligen Masse verarbeiten. Äpfel, wenn möglich mit der Schale, grob raspeln, unter die Streuselmasse mischen. Bananen in Scheiben schneiden und untermengen. In einer großen gefetteten Auflaufform verteilen. Restliche Nüsse hobeln und darüberstreuen. Den Auflauf auf die mittlere Schiene in den nicht vorgeheizten Backofen schieben. Bei 200 Grad 30 bis 40 Minuten backen und warm servieren.
Für 5 Personen
Gesamtbackzeit:
ca. 40 Minuten
Siehe Foto

Das ABC des Backens

Ahornsirup
hat ein sehr intensives Aroma und wird zum Süßen des Teiges verwandt.

Alfalfa,
der Luzernensamen, ist ein geschmacklich interessantes Gewürz, das auch mit verbacken werden kann. Reich an Proteinen, Vitamin B12 und Mineralien.

Anis,
die gemahlenen Samenkörner der Anispflanze, hat ein stark süßlich-würziges Aroma. Anis wird nur sparsam verwandt.

Backhefe
ist ein natürliches Teiglockerungsmittel. Wird als Trocken-Backhefe (aufs Verfalldatum achten) und als Frischhefe angeboten.

Backpulver,
das Backtriebmittel, ist in kleinen Tüten abgepackt, die man kühl und trocken lagern und vor allem von stark riechenden Lebensmitteln fernhalten sollte. Anderenfalls könnte es den Geruch annehmen und den Kuchengeschmack verändern.

Bittere Mandeln
haben einen bitteren Geschmack, der von der enthaltenen Blausäure herrührt. Sie dürfen als Geschmackszutat nur in kleinsten Mengen verwandt werden. Kindersicher aufbewahren.

Butter
ist ein natürliches Fett, das sich zum Backen besonders gut eignet, denn es ist leicht bekömmlich und gut verdaulich.

Eier
sollten zum Backen nur in Form frischer Hühnereier verwendet werden.

Feigen
sind sehr süße und aromatische Früchte. Zum Backen benutzt man hauptsächlich getrocknete Feigen.

Gelatine,
das geschmacksneutrale Geliermittel, gibt es als Granulat oder in rechteckiger Blattform. Sie muß rechtzeitig eingeweicht werden.

Honig
eignet sich ausgezeichnet zum Süßen, da er reich an Frucht- und Traubenzucker und gesünder als Zucker ist.

Ingwer
ist meist ein Pulver, das aus der getrockneten Wurzel der Ingwerstaude gewonnen wird. Das sehr intensive und scharfe Aroma stammt von ätherischen Ölen.

Kardamom
entsteht aus den braunen Samen der Fruchtschote einer Schilfpflanze. Gibt es als ganze Frucht oder gemahlen. Hat ein eigentümliches und sehr

starkes Aroma. Kardamom zählt zu den teuersten Gewürzen.

Karobe
ist ein Bindemittel, das aus der Johannisbrotbaum-Frucht gewonnen wird.

Koriandersamen
werden geröstet oder gemahlen angeboten. Es ist ein arabisches Gewürz.

Korinthen,
kernlose, luftgetrocknete Weinbeeren, werden zum Beispiel für Lebkuchen und Stollen verwandt.

Kümmel
besitzt ganz oder gemahlen einen starken, charakteristischen Geschmack, der nicht jedermanns Sache ist. Eignet sich für Brot und Brötchen. Kümmel wirkt verdauungsfördernd, beruhigt den Magen und löst Krämpfe der Verdauungsorgane.

Kurkuma
ist ein hellgelbes Gewürz aus der Wurzel einer ostasiatischen Lilienart. Verleiht appetitlich gelbe Farbe und angenehm milden Geschmack.

Lebkuchengewürz,
eine fertige Würzmischung, die Ingwer, Nelken, Muskatblüte, weißen Pfeffer, Kardamom und Zimt enthält.

Leinsamen,
die Samenkörner der Flachspflanze, sind reich an essentiellen Fettsäuren und haben einen leicht nussigen Geschmack. Werden unter Brot- und Brötchenteig gemischt und vor dem Backen darübergestreut.

Mandeln
dienen ganz, gehackt, gehobelt oder gestiftet hauptsächlich zum Verzieren von Gebäck, geben aber auch das typische Mandelaroma.

Meersalz
ist reich an Mineralstoffen und hat größere Würzkraft als Kochsalz.

Mohn,
die dunklen Samenkörner der Mohnkapsel schmecken leicht süßlich. Wird gemahlen als Füllung oder Teigzusatz besonders für Mohnstrudel verwandt. Ungemahlene Körner werden auch vor dem Backen auf Brot und Brötchen gestreut.

Muskat
ist der Stein einer pfirsichartigen Frucht eines indonesischen Baumes. Geschmack sehr intensiv, darum sparsam verwenden. Von der ganzen Nuß erst kurz vor Gebrauch abreiben. Auch als Pulver erhältlich. Verfeinert Gewürzgebäck und Obstkuchen.

Nelken
sind die getrockneten Blütenknospen eines ostasiatischen Baumes. Werden ganz oder gemahlen, aber auf jeden Fall sparsam eingesetzt, denn der Geschmack ist ziemlich scharf.

Orangeat,
die kandierte Fruchtschale der Pomeranze, wird meist gewürfelt angeboten. Dient hauptsächlich als Lebkuchengewürz.

Pimente
sind Beeren des westindischen Pimentbaumes. Wird gemahlen angeboten. Liegt im Geschmack zwischen Zimt und Muskatnuß. Gibt Kuchen und Kleingebäck eine interessante Note.

Pistazien,
die Früchte des Pistazienbaumes, müssen geschält werden. Im Handel werden sie geschält angeboten. Die Kerne werden halbiert oder grob gehackt zum Garnieren verwandt.

Pottasche
ist ein Treibmittel für Honigkuchen.

Rosenwasser
ist ein Kondensat, das zur Herstellung von Marzipan und zum Würzen von Weihnachtsgebäck dient.

Rosinen
sind helle oder dunkle getrocknete Weinbeeren.

Safran,
das teuerste Gewürz, wird aus den getrockneten Blütennarben einer asiatischen Krokusart hergestellt, die von Hand geerntet werden. Safran kommt in feinen Fäden oder gemahlen in den Handel. Leicht bitterer, sehr aromatischer Geschmack. Sollte wegen seiner Intensität nur sparsam in Rührteigen und Kleingebäck eingesetzt werden.

Sultaninen
Es sind die getrockneten Beeren einer kernlosen Traubensorte. Sie sind groß, saftig und süßer als Korinthen. Ungeschwefelte kaufen.

Tortenguß
Gelierpulver, das mit Wasser zubereitet wird. Zur Verzierung von Torten.

Vanilleschoten,
Früchte einer tropischen Orchideenart, werden getrocknet, wobei der Fruchtsaft in eine dunklen Masse gerinnt. Zum Backen verwendet man das aus der Schote herausgekratzte Fruchtmark.

Zimt
Der Zimtbaum gehört zu den Lorbeergewächsen, stammt aus Sri Lanka. Verwandt wird die Rinde, die in Stücke gerieben oder gemahlen zum Würzen verwandt wird.

Zitronat,
die kandierte Schale der Zedratzitrone, wird grob gewürfelt als Teigzusatz oder zum Garnieren verwandt.

Die in diesem Buch veröffentlichten Aufnahmen wurden uns freundlicherweise von folgenden Firmen zur Verfügung gestellt:

Titel: Jahreszeiten Verlag
Aurora Mühlen GmbH: S. 57, 73, 77
Grafik + Design: S. 14/15, 20/21, 33
Jahreszeiten Verlag: S. 6/7, 11, 17, 23, 31, 53
Komplett Büro: S. 41, 48/49, 51, 59, 61, 63, 79, 83, 85, 86/87,91
Krups: S. 26/27
Langnese Iglo GmbH: S. 65, 89
Steinmetz: S. 71
Christian Teubner: S. 39, 43, 45, 54/55, 69, 75
Panasonic: S. 29
Georg Plange Düsseldorf: S. 36/37, 66/67, 81

Lizenzausgabe für Gondrom Verlag GmbH, Bindlach 1997

ISBN 3-8112-1517-5